EL CUERPO HUMANO
BAJO LA LUPA

DESCUBRE EL CUERPO HUMANO CON LA LUPA MÁGICA

Por **Jane Wilsher**
Ilustraciones de **Andrés Lozano**

Asesora: **Dra. Kristina Routh,**
licenciada en Medicina y Cirugía
y máster en Salud Pública.

Traducción de **Margarita Arroyo**

sm

fundación sm

**La Fundación SM destina los beneficios
de las empresas SM a programas culturales
y educativos, con especial atención a los
colectivos más desfavorecidos.**

Si quieres saber más sobre los programas
de la Fundación SM, entra en
www.fundacion-sm.org

LITERATURA**SM**•COM

Primera edición: septiembre de 2025

Dirección editorial: Berta Márquez
Edición ejecutiva: Patrycja Jurkowska
Coordinación editorial: Alejandra González

Texto: Jane Wilsher
Ilustraciones: Andrés Lozano

Título original: *Marvellous Human Body*
Publicado por acuerdo con IMC Literary Agency.

© del texto: What on Earth Publishing Ltd, 2022
© de las ilustraciones: Andrés Lozano, 2022
© de la traducción del inglés: Margarita Arroyo, 2025
© Ediciones SM, 2025
   Impresores, 2
   Parque Empresarial Prado del Espino
   28660 Boadilla del Monte (Madrid)
   www.grupo-sm.com

ISBN: 978-84-1182-902-1
Depósito legal: M-3474-2025
Impreso en China / *Printed in China*

QUÉ CONTIENE ESTE LIBRO

CÓMO USAR LA LUPA MÁGICA

Este libro incluye un invento increíble: ¡una lupa mágica que revela el funcionamiento interno del cuerpo humano!

Solo tienes que pasar la lupa por las páginas, sobre los lugares donde veas una trama roja. ¿Qué tal si la pruebas en la ilustración de aquí abajo?

¿Eres capaz de ver el hueso roto debajo de la escayola?

Cuando encuentres el icono de la lupa mágica, emplea la lupa para mirar las partes de la página que tienen tramas rojas y descubrir qué hay en el interior del cuerpo.

Cuando veas el símbolo del ojo, intenta encontrar todas las partes del cuerpo que se enumeran.

24 HORAS EN EL CUERPO HUMANO

¿Qué es capaz de hacer el cuerpo cada día?

¡Un montón de cosas! El cuerpo humano es una máquina de precisión, cuyas partes trabajan de manera conjunta, y sin parar, las 24 horas del día.

El cuerpo come y bebe para obtener energía. También aprende, imagina cosas, crece y cambia constantemente. Y, por último, duerme.

Recuerda que no todos los cuerpos funcionan igual. Unas personas tienen discapacidades, otras están en buenas condiciones físicas y algunas tienen problemas de salud. Cada persona es diferente.

MIRA CON LA LUPA

Descubre qué es capaz de hacer el cuerpo durante las 24 horas de cada día.

El cuerpo genera la misma cantidad de energía que unas 25 bombillas encendidas.

Los huesos y los músculos se mueven miles de veces para correr, montar en bicicleta, conducir o caminar.

Hasta 30.000 escamas muertas se desprenden de la piel.

El pelo crece aproximadamente medio milímetro.

El tórax sube y baja 20.000 veces cuando inhalas y exhalas el aire de los pulmones.

El cerebro produce unos 50.000 pensamientos.

La boca fabrica un líquido baboso, la saliva, en cantidad suficiente para llenar dos envases pequeños de zumo.

El corazón late unas 100.000 veces.

Los oídos escuchan un parloteo de miles de palabras, además de los sonidos cercanos y distantes.

Las células son los ladrillos que construyen la vida. Unos 30 billones de células mantienen el cuerpo en funcionamiento.

EL CUERPO HUMANO

MUSEO DE CIENCIAS

TIENDA

Los ojos pueden distinguir más de un millón de colores diferentes.

Los músculos del estómago mezclan y remueven el alimento, igual que una batidora.

Las puntas de los dedos sienten calor, frío, cosas afiladas o suaves, gracias a 3.000 receptores del tacto.

La nariz pone a funcionar 400 receptores del olfato para percibir hasta un billón de olores distintos.

¿De qué está hecho el cuerpo humano?

De células. Estas pequeñas estructuras se combinan para construir partes del cuerpo más grandes, llamadas órganos. El cerebro, el corazón y los pulmones son órganos. Para mantener el funcionamiento correcto del cuerpo, los órganos trabajan unidos formando sistemas. Estos son algunos de los principales sistemas del cuerpo:

El cerebro y el sistema nervioso

El cerebro es la sala de mando del cuerpo. Envía y recibe señales a través de una enorme red de nervios, llamada sistema nervioso.

Los huesos y músculos

Una estructura formada por más de 200 huesos, llamada esqueleto, mantiene el cuerpo erguido. Los elásticos músculos tiran de estos huesos para hacer que el cuerpo se mueva.

El corazón y la sangre

El corazón es un poderoso músculo que funciona como un motor que día y noche bombea sangre a través del cuerpo.

Los pulmones y la respiración

Inhala y exhala... Cuando una persona respira, los pulmones succionan el aire. Todas las células del cuerpo necesitan oxígeno para mantenerse vivas.

El estómago y la digestión

El sistema digestivo descompone los alimentos hasta formar sustancias que el cuerpo es capaz de utilizar, llamadas nutrientes.

EL PODER DEL CEREBRO

¿Qué es lo que hace tu cerebro mientras lees esta página del libro?

Imagina que el cerebro es un centro de comunicaciones formidable que envía y recibe millones de mensajes día y noche para controlar los pensamientos, sentimientos, movimientos y memoria. Es el centro de mando del cuerpo.

Las encargadas de esto son unas células llamadas neuronas, que hablan entre ellas a través de unas conexiones llamadas sinapsis.

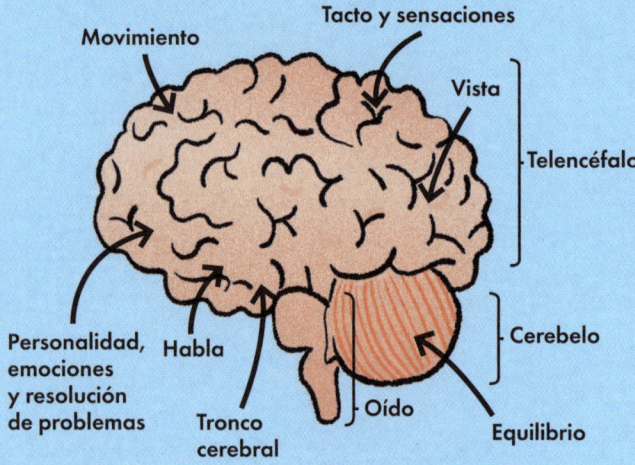

Movimiento
Tacto y sensaciones
Vista
Telencéfalo
Personalidad, emociones y resolución de problemas
Habla
Cerebelo
Tronco cerebral
Oído
Equilibrio

¿Qué hace cada parte del cerebro?

Esta imagen muestra cómo los lóbulos, que son las distintas partes del cerebro, están relacionados con diferentes tareas o funciones.

👁 BUSCA DENTRO Y FUERA

Vas a necesitar la lupa mágica para encontrar algunas de estas cosas.

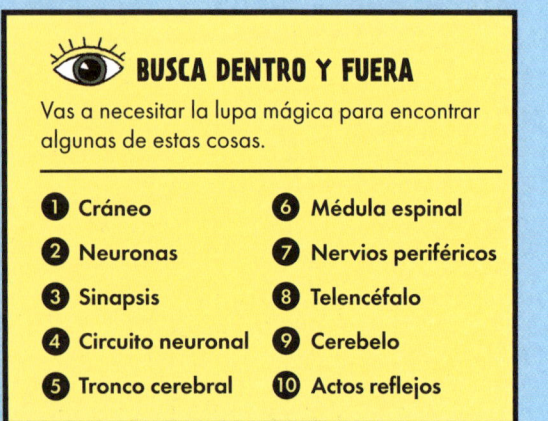

1. Cráneo
2. Neuronas
3. Sinapsis
4. Circuito neuronal
5. Tronco cerebral
6. Médula espinal
7. Nervios periféricos
8. Telencéfalo
9. Cerebelo
10. Actos reflejos

MIRA QUÉ HAY DENTRO

Descubre cómo el cerebro controla el cuerpo.

La cabeza por dentro

1 El **cráneo** es como un casco de hueso que protege el delicado cerebro. En su interior, unas capas de tejido y un fluido transparente mantienen a salvo el cerebro, como si fueran una almohadilla.

En conexión

2 El cerebro está formado por miles de millones de células llamadas **neuronas**. La imagen del microscopio muestra que las neuronas tienen unos tentáculos o brazos que mandan y reciben mensajes de otras neuronas.

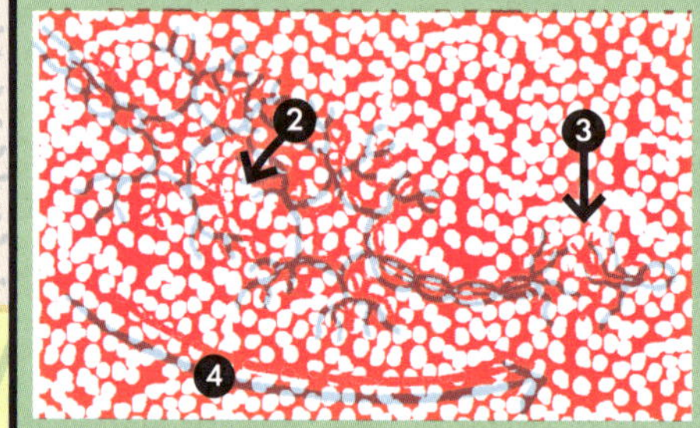

3 Las señales pueden pasar de una neurona a la siguiente por el extremo de cada tentáculo, llamado axón. Juntos, las neuronas y los axones forman una red de conexiones llamada **sinapsis** que recorre el cuerpo.

4 A medida que creces y aprendes, los mensajes viajan de una neurona a otra repetidas veces, creando un **circuito neuronal**. El circuito visual hace que puedas leer estas palabras.

El sistema nervioso

5 El **tronco cerebral** mantiene el funcionamiento del corazón, los pulmones y el sistema digestivo.

6 El tronco cerebral está conectado a un manojo de nervios que llamamos **médula espinal**, dedicada a recibir y enviar mensajes a todo el cuerpo.

7 Los **nervios periféricos** envían y reciben mensajes desde y hacia el cerebro, a través de la médula espinal. Si algún nervio importante se daña, puede que la persona quede incapacitada para mover algunas partes del cuerpo.

Los reflejos

10 A veces, el cuerpo hace cosas sin contar con el cerebro: esto se llama **acto reflejo**. Observa qué ocurre cuando das un golpecito en la pierna justo por debajo de la rodilla.

Memoria y movimiento

8 Al recordar algo, se conectan muchas zonas del telencéfalo, la parte superior del **cerebro**. La memoria a corto plazo permite que recuerdes las cosas que sucedieron hace unos segundos, y la memoria a largo plazo, las cosas de hace mucho tiempo.

9 En la parte trasera del cerebro, el **cerebelo** controla movimiento y equilibrio. Sin él, el cuerpo sería inestable y se tambalearía.

¿Qué hacen los cinco sentidos principales?

Los sentidos permiten que el cuerpo se mantenga en contacto con el mundo por medio de la vista, el oído, el olfato, el gusto y el tacto. Los sentidos también ayudan a evitar el peligro.

Vista

Los ojos son capaces de observar un arcoíris de colores, tanto cerca como en la distancia.

Sonido

El oído puede escuchar la caída de un alfiler o el estruendo de la música a todo volumen.

Olfato

La nariz es capaz de olfatear el dulzor de una flor o el olor que advierte de la comida podrida.

Gusto

El olfato y el gusto trabajan unidos para indicarnos si algo puede comerse o no.

Tacto

El tacto está relacionado con las sensaciones: puedes sentir la suavidad de tu rostro. El tacto también nos advierte cuando las cosas están calientes o son peligrosas.

LOS OJOS

¿Cuántas veces parpadeas al día?

Una cantidad sorprendente: hasta 30.000 veces. Si lo piensas, tienes los ojos cerrados durante más de una hora cada día. Además, es el parpadeo lo que permite que los ojos se mantengan limpios.

Los ojos pueden abrirse de par en par para observar las maravillas del mundo, tanto de cerca como de muy lejos. Reciben una cantidad inmensa de luz e información, que el cerebro transforma en la visión que tienes del mundo.

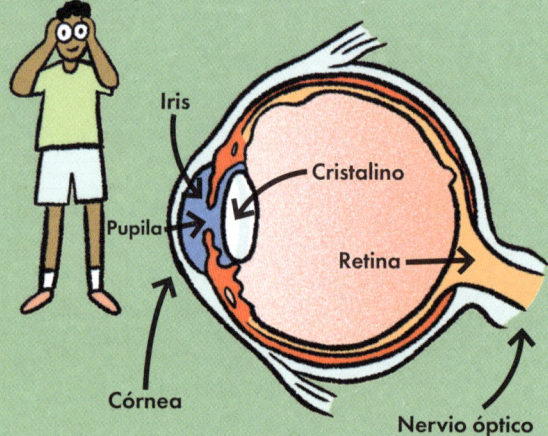

Iris

Pupila

Córnea

Cristalino

Retina

Nervio óptico

¿Qué tamaño tienen los ojos?

Son más grandes de lo que piensas. Esta imagen muestra un ojo visto desde el lateral. Llamamos globo ocular a una bola rellena de líquido gelatinoso que está encajada en la cuenca ocular, una cavidad profunda en el interior de la cabeza.

👁 BUSCA DENTRO Y FUERA

Vas a necesitar la lupa mágica para encontrar algunas de estas cosas.

1. Cejas
2. Pestañas
3. Párpado
4. Conducto lagrimal
5. Córnea
6. Pupila
7. Iris
8. Cristalino
9. Retina
10. Nervio óptico

MIRA QUÉ HAY DENTRO

Descubre cómo los ojos producen la visión.

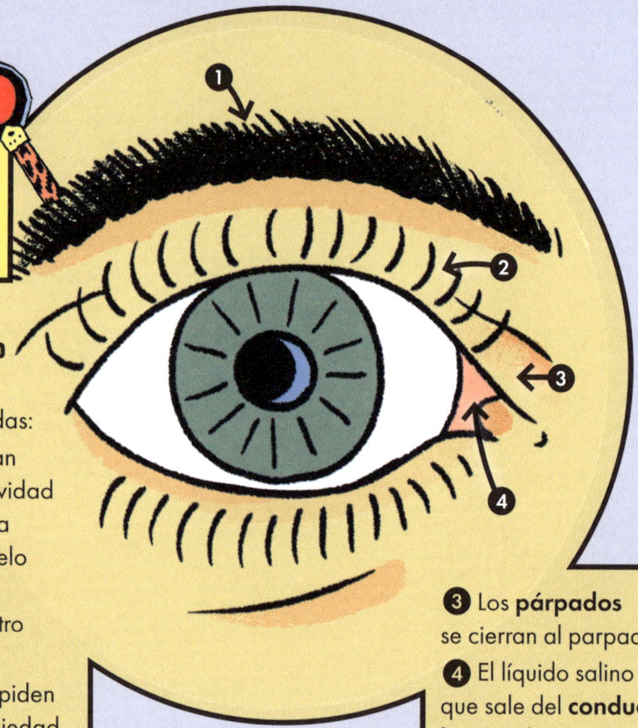

Las partes del ojo

Las distintas partes del ojo trabajan unidas:

1. Las **cejas** se sitúan por encima de la cavidad de hueso que guarda el globo ocular. El pelo de la ceja evita que el sudor escurra dentro del ojo.

2. Las **pestañas** impiden que el polvo y la suciedad de cualquier tipo se cuelen dentro del ojo.

3. Los **párpados** se cierran al parpadear.

4. El líquido salino que sale del **conducto lagrimal** mantiene el ojo húmedo y arrastra cualquier suciedad.

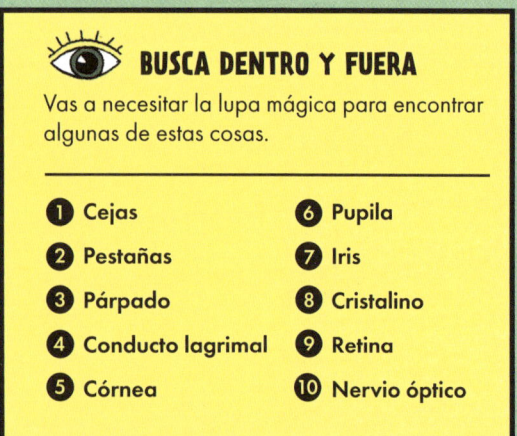

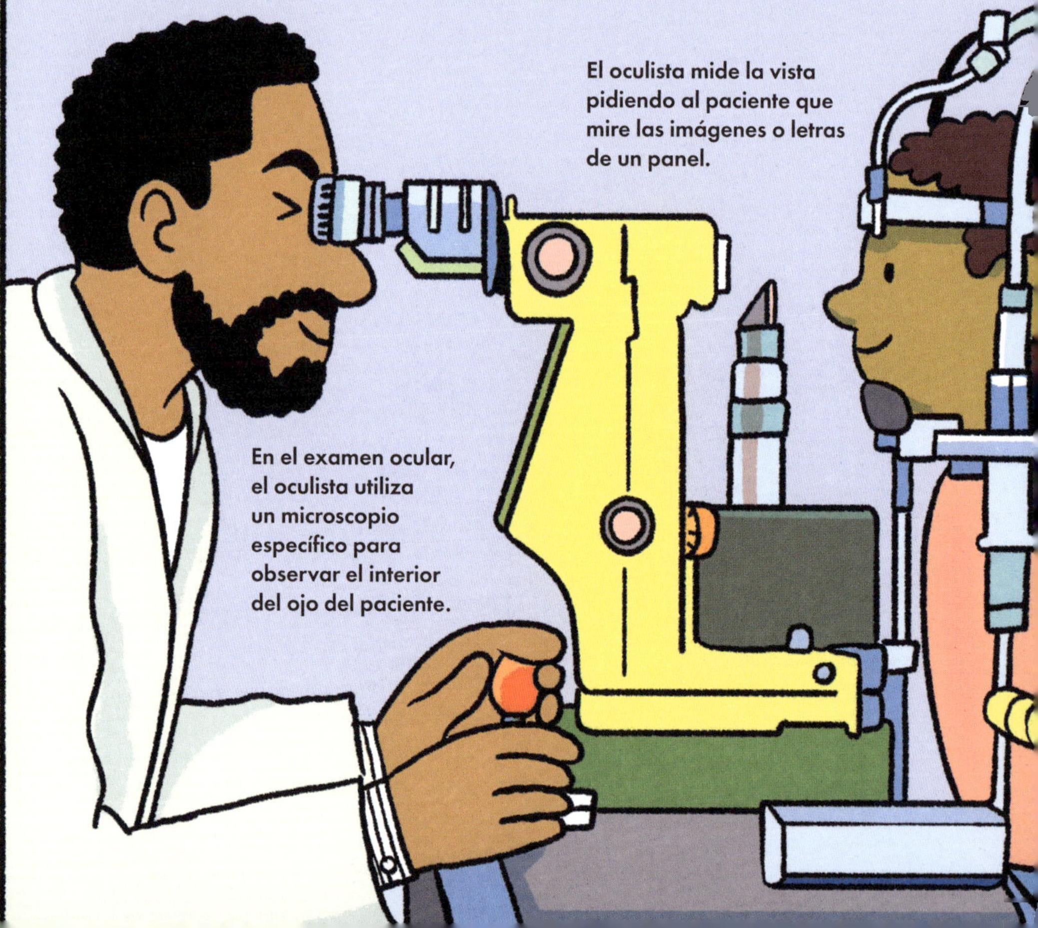

El oculista mide la vista pidiendo al paciente que mire las imágenes o letras de un panel.

En el examen ocular, el oculista utiliza un microscopio específico para observar el interior del ojo del paciente.

¿Cómo ven los ojos?

Todo se basa en el recorrido de la luz que viaja a través del ojo.

5 La luz entra en el ojo a través de la **córnea**, que es una capa transparente que se curva y conduce los rayos de luz.

6 La negra **pupila** es, en realidad, un orificio que permite que la luz entre en el ojo.

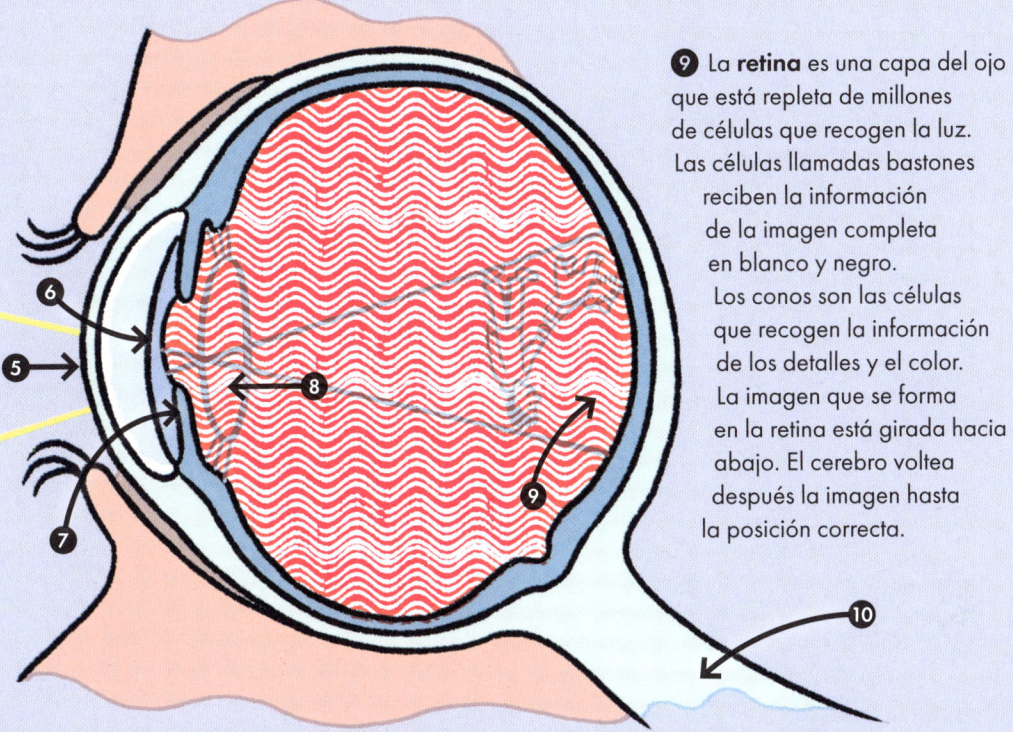

9 La **retina** es una capa del ojo que está repleta de millones de células que recogen la luz. Las células llamadas bastones reciben la información de la imagen completa en blanco y negro. Los conos son las células que recogen la información de los detalles y el color. La imagen que se forma en la retina está girada hacia abajo. El cerebro voltea después la imagen hasta la posición correcta.

7 El **iris** es la parte coloreada del ojo. Controla el tamaño de la pupila para que pase más o menos luz. Con luz tenue, la pupila es más grande; con luz brillante, más pequeña.

8 El **cristalino** es una capa curva que está en el interior del globo ocular y permite que la luz se dirija hacia la retina.

10 Las señales viajan desde la retina a través del **nervio óptico** hasta el cerebro.

Miope

¿Por qué llevan gafas algunas personas?

Las gafas pueden ayudar a que las personas vean con mayor claridad. Si eres miope, puedes ver las cosas de cerca, pero no de lejos. Cuando eres hipermétrope, eres capaz de ver las cosas en la lejanía, pero no si están cerca. Los cristales tintados nos protegen de las luces brillantes, que pueden ser molestas o dañar los ojos de algunas personas.

Hipermétrope

EL OÍDO

¿Por qué las orejas tienen una forma parecida a un embudo que cuelga?

La forma de embudo facilita que recoja las invisibles ondas sonoras (unas vibraciones del aire) y las reúna para dirigirlas al interior del orificio de la oreja.

Las ondas sonoras viajan a través de las tres partes del oído, que llamamos oído externo, oído medio y oído interno. Después, las señales se envían al cerebro y escuchamos los sonidos… ¡CRAC! ¡PAM!

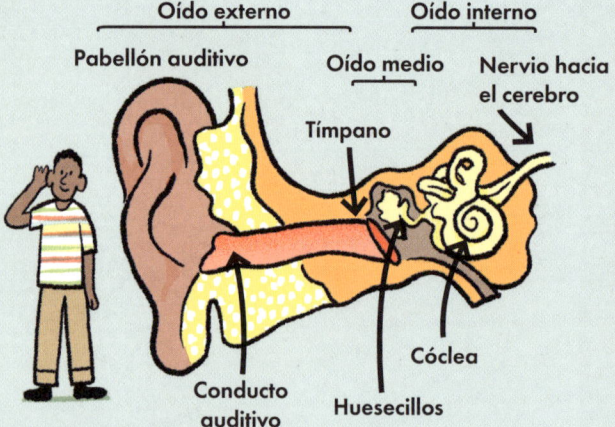

¿Qué ocurre dentro del oído?

Esta imagen muestra el aspecto que tiene el interior del oído desde una vista lateral.

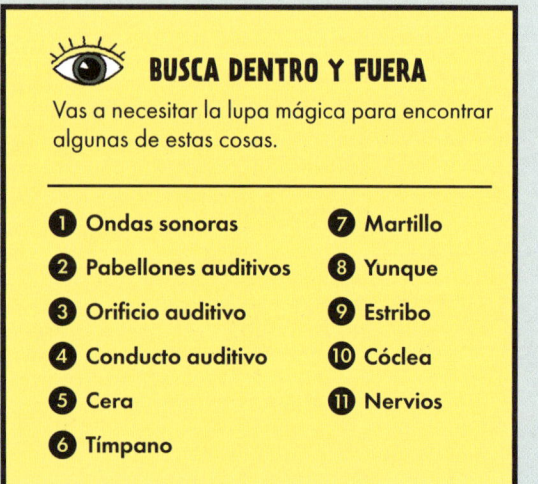

👁 BUSCA DENTRO Y FUERA

Vas a necesitar la lupa mágica para encontrar algunas de estas cosas.

❶ Ondas sonoras	❼ Martillo
❷ Pabellones auditivos	❽ Yunque
❸ Orificio auditivo	❾ Estribo
❹ Conducto auditivo	❿ Cóclea
❺ Cera	⓫ Nervios
❻ Tímpano	

❶ Las **ondas sonoras** son una ondulación del aire que llamamos vibración. No puedes verlas, pero los oídos recogen ondas sonoras de todo tipo: desde el pitido de un teléfono hasta el ritmo atronador de la música a todo volumen.

Oído externo

❷ El oído externo está oculto en el interior de la cabeza, excepto el **pabellón auditivo**, que tiene forma similar a una concha, lo cual ayuda a recoger las ondas sonoras.

❸ El pabellón auditivo dirige las ondas sonoras al interior del oído a través del **orificio auditivo**.

❹ Las ondas sonoras avanzan a través del **conducto auditivo**.

❺ La cera del interior del canal auditivo favorece que la suciedad quede atrapada y evita que llegue demasiado adentro.

❻ Cuando las ondas sonoras alcanzan el **martillo**, este empieza a vibrar igual que la parte superior de un tambor.

Oído medio

Dentro del oído medio, unos huesecillos reciben las vibraciones sonoras y las transmiten. Estos son los huesos más diminutos del cuerpo.

7 Martillo
8 Yunque
9 Estribo

Canal auditivo

Estos huesecillos trabajan unidos, moviéndose hacia adelante y atrás para que las vibraciones resuenen a través del oído medio.

Oído interno

Dentro del oído interno, las vibraciones se convierten en señales.

10 La forma de la **cóclea** es parecida a un caracol. Está rellena de líquido y tiene unos pelos minúsculos que reciben las vibraciones y las convierten en señales.

11 Estas señales viajan a través de los **nervios** hasta el cerebro, que es capaz de distinguir cada nota musical y los gritos del público. El cerebro también averigua de dónde vienen los sonidos.

MIRA QUÉ HAY DENTRO

Sigue el viaje invisible del sonido y descubre cómo lo recibe el oído.

15

LA NARIZ Y LA LENGUA

¿Por qué no eres capaz de saborear la comida cuando estás resfriado?

¡La culpa es de tu nariz taponada! La nariz y la lengua trabajan juntas para detectar olores y sabores. Si la nariz no tiene olfato, resulta difícil saborear. Además, son los guardianes de las entradas del cuerpo: envían señales al cerebro para ayudarle a decidir qué cosas son seguras y detectan señales de alarma.

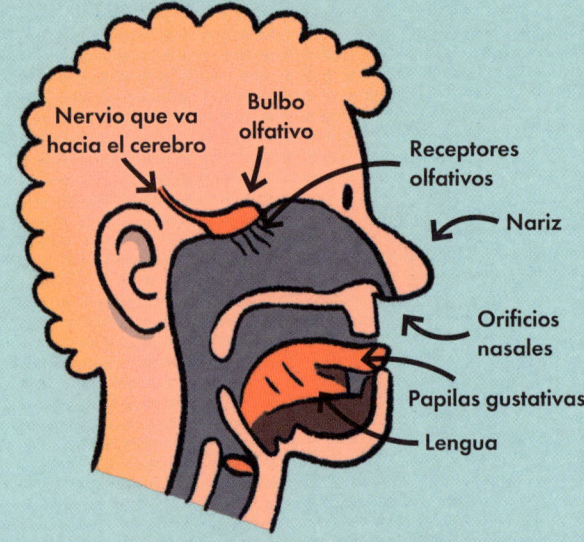

Nervio que va hacia el cerebro
Bulbo olfativo
Receptores olfativos
Nariz
Orificios nasales
Papilas gustativas
Lengua

¿Cómo se conectan la nariz y la lengua?

Esta imagen muestra el aspecto del interior de la nariz y la lengua desde una vista lateral. La parte trasera de la nariz se abre sobre la parte trasera de la garganta.

👁 BUSCA DENTRO Y FUERA

Necesitarás la lupa mágica para encontrar algunas de estas cosas.

1. Nariz
2. Orificios nasales
3. Receptores olfativos
4. Bulbo olfativo
5. Mucosidad
6. Lengua
7. Papila gustativa
8. Saliva

MIRA QUÉ HAY DENTRO

¿Qué sucede en el interior de la nariz y la lengua?

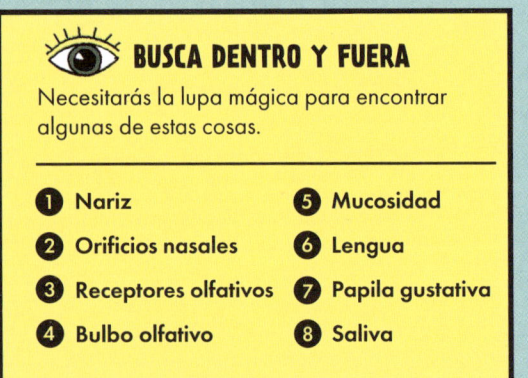

La nariz

1. La **nariz** está formada casi por completo de cartílago flexible, en lugar de hueso duro.
2. Dos aberturas, llamadas **orificios nasales**, dan paso al espacio en el interior de la nariz, que está conectado con la parte trasera de la boca y la lengua.

¡Mmm! Cuando hueles comida, la boca produce un líquido, la saliva, para facilitar que traguemos el alimento.

Olfato

3. Al inhalar, los millones de **receptores olfativos** del interior de la nariz capturan olores que se pegan a unas pequeñas terminaciones parecidas a dedos.
4. Estos receptores envían señales al **bulbo olfativo**, que las manda al cerebro para que pueda distinguir cada olor.

¡Achús!

5 El vello del interior de la nariz evita que el polvo entre en el cuerpo. La **mucosidad** (el moco) mantiene la humedad, facilita el olfato y atrapa la suciedad y los microbios. Los estornudos expulsan la mucosidad, la suciedad y los microbios.

El olor de la comida cocinándose puede darte hambre. El cerebro manda mensajes al sistema digestivo para decirle: «¡Prepárate, que viene la comida!».

Saborear la comida

6 La **lengua** ayuda a saborear los alimentos. Además, trabaja junto con los dientes para machacar la comida y dejarla lista para tragar. Así comienza el proceso de la digestión.

7 Las **papilas gustativas** son un montón de pequeños bultos que hay en la lengua.

8 Cuando el alimento se mezcla con la **saliva**, las papilas gustativas envían señales sobre su sabor al cerebro.

¿Cuántas papilas gustativas hay en la lengua?

Un niño tiene hasta 10.000 papilas, mientras que los adultos tienen solo 6.000. Estos son los cinco sabores distintos que las papilas gustativas reconocen:

Amargo
El sabor amargo puede advertir al cuerpo de que está a punto de comer un alimento en mal estado o venenoso.

Salado
Los alimentos salados pueden contribuir al funcionamiento adecuado del cuerpo, pero demasiada sal es mala para la salud.

Ácido
Los limones tienen sabor ácido. Los científicos creen que los seres humanos son el único animal que disfruta con el sabor ácido.

Dulce
Los alimentos azucarados tienen sabor dulce y pueden darle energía rápida al cuerpo.

Umami
Este sabor es una sobredosis de sensaciones. La salsa de soja y los champiñones tienen sabor *umami*.

LOS DIENTES

¿Cuántos dientes tienes?

Todo depende de tu edad. Un niño pequeño tiene 20 dientes de leche. Cuando crezca, se caerán y crecerán nuevos dientes. Lo normal es que un adulto tenga 32 dientes.

¿Eres capaz de tocarte los dientes con la lengua? Prueba a distinguir sus extremos, agudos y afilados en la parte delantera de boca, pero planos en la parte trasera. Cada diente es distinto: tienen la forma perfecta para desgarrar, trocear o machacar la comida.

¿De qué están hechos los dientes?

La parte exterior del diente está formada por un esmalte brillante, que es la sustancia más dura que hay en el cuerpo. La parte del diente que puedes ver se llama corona. En su interior hay un tejido duro llamado dentina. La raíz es la parte del diente que está dentro de la encía.

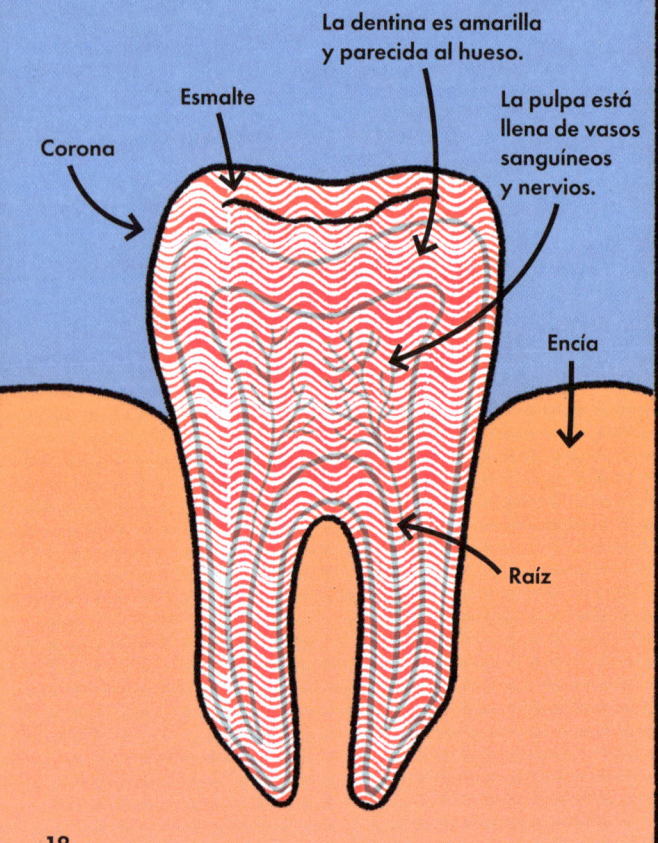

Corona

Esmalte

La dentina es amarilla y parecida al hueso.

La pulpa está llena de vasos sanguíneos y nervios.

Encía

Raíz

¿Por qué hay que cepillarse los dientes?

Cepillarte los dientes mantendrá tu aliento fresco y prevendrá la caries. El cepillado elimina una sustancia pegajosa, llamada placa, que está compuesta por unos microbios llamados bacterias que crecen en los restos de comida que hay en la boca. El ácido de la placa corroe los dientes y provoca la caries. El cepillado también ayuda a prevenir las enfermedades de las encías. Procura cepillarte los dientes por la mañana, por la tarde y por la noche.

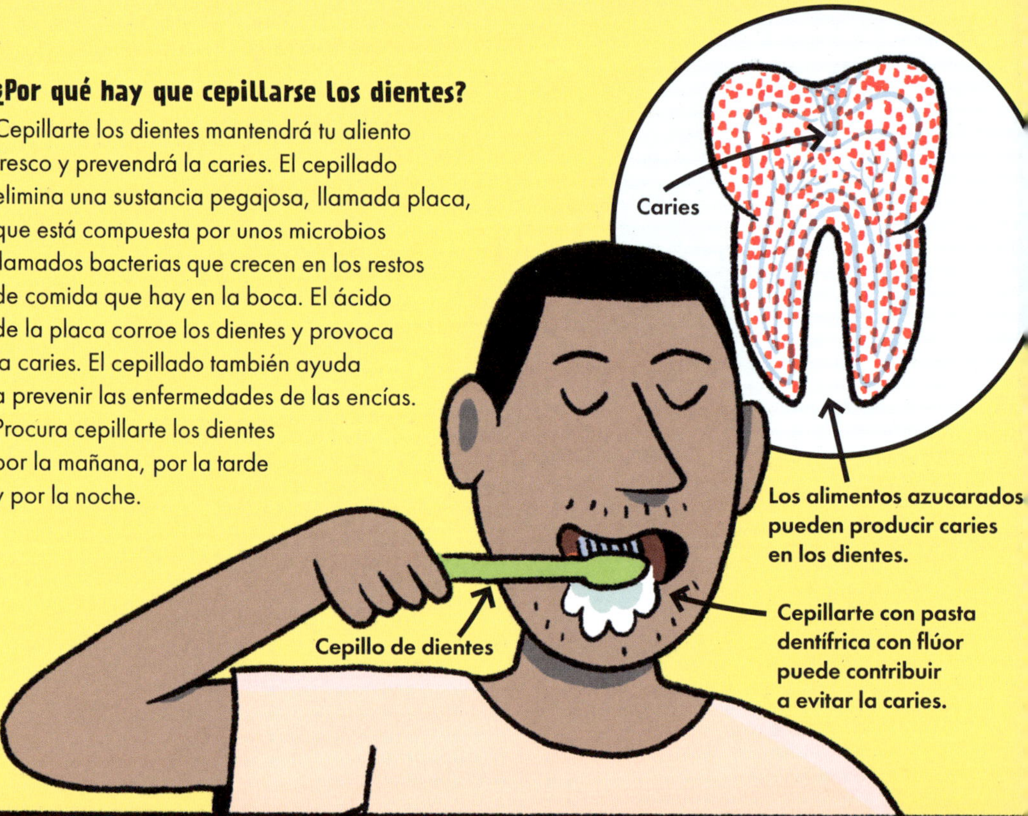

Caries

Los alimentos azucarados pueden producir caries en los dientes.

Cepillo de dientes

Cepillarte con pasta dentífrica con flúor puede contribuir a evitar la caries.

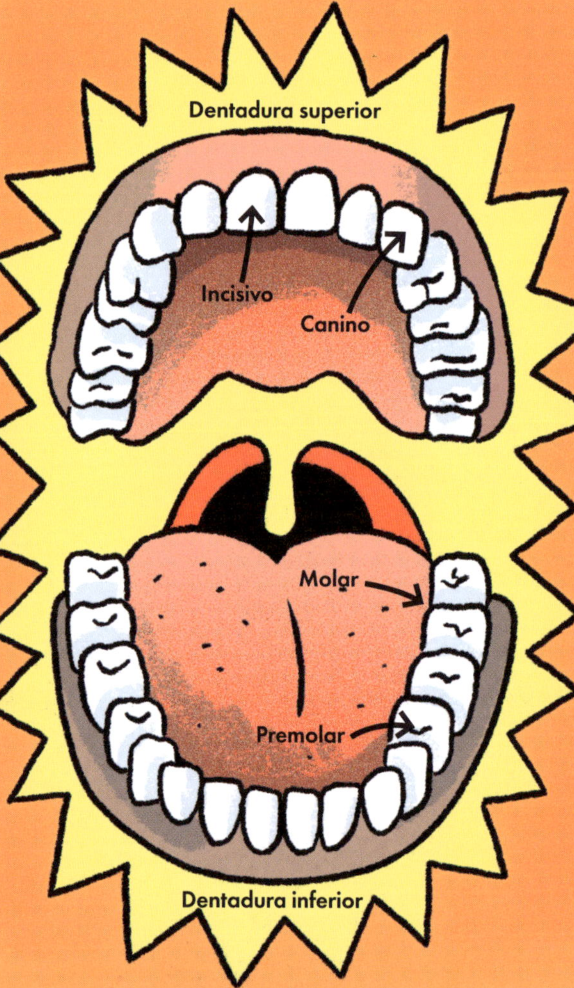

Dentadura superior

Incisivo

Canino

Molar

Premolar

Dentadura inferior

¿Para qué sirve cada tipo de diente?

En la parte superior e inferior, delantera y trasera de la boca, los dientes, con sus diferentes formas, hacen distintas tareas. Los dientes ayudan a mezclar el alimento con la saliva para que sea más fácil de tragar.

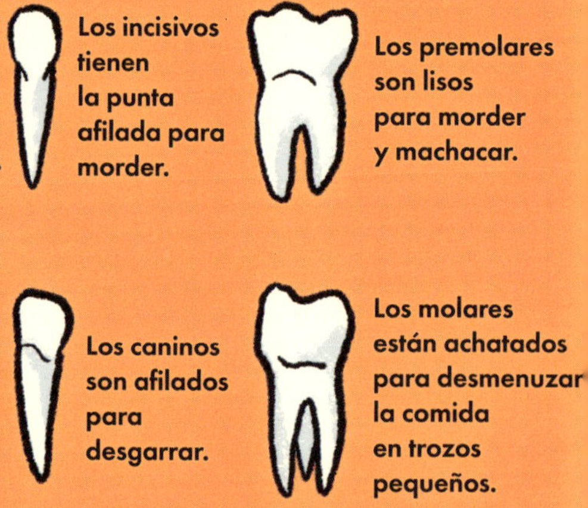

Los incisivos tienen la punta afilada para morder.

Los premolares son lisos para morder y machacar.

Los caninos son afilados para desgarrar.

Los molares están achatados para desmenuzar la comida en trozos pequeños.

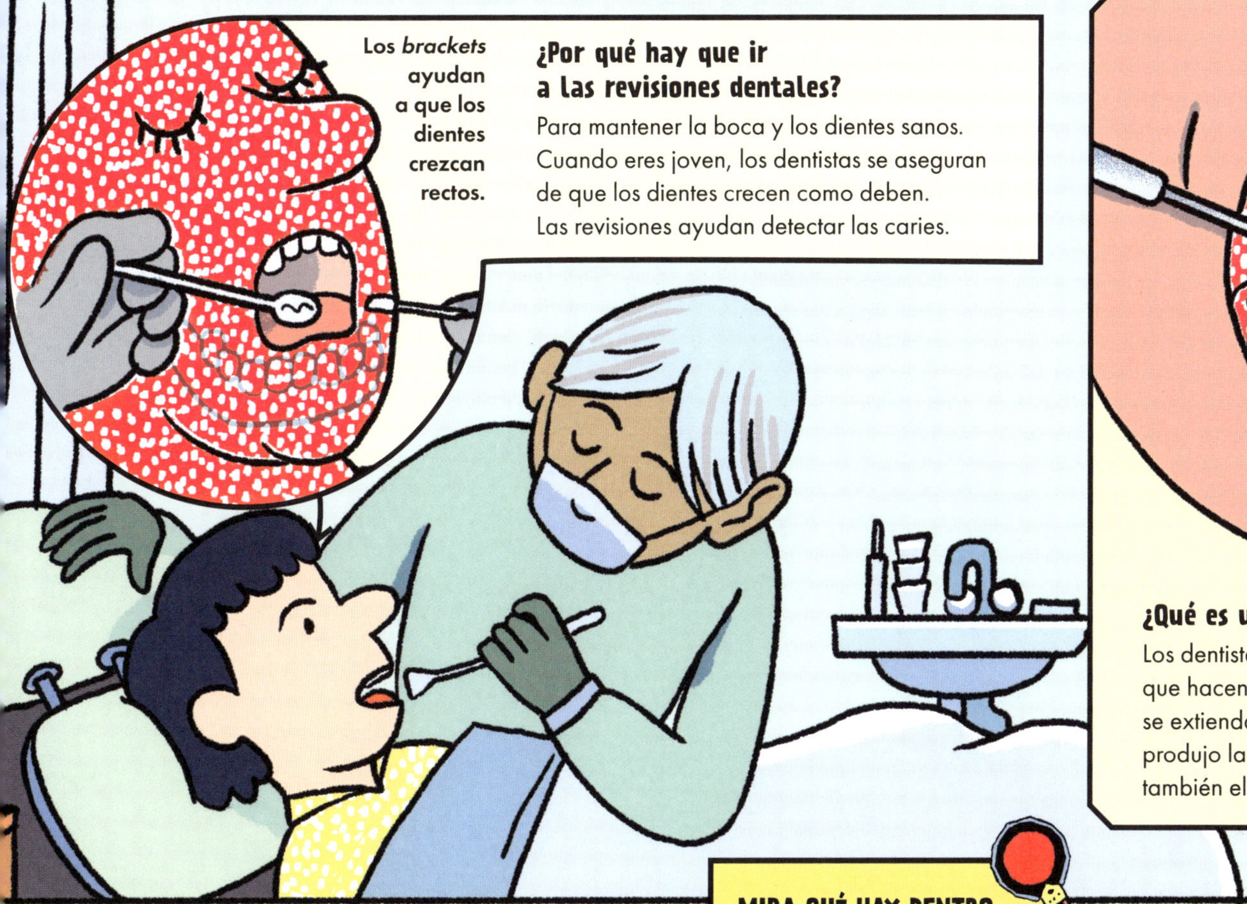

Los *brackets* ayudan a que los dientes crezcan rectos.

¿Por qué hay que ir a las revisiones dentales?

Para mantener la boca y los dientes sanos. Cuando eres joven, los dentistas se aseguran de que los dientes crecen como deben. Las revisiones ayudan detectar las caries.

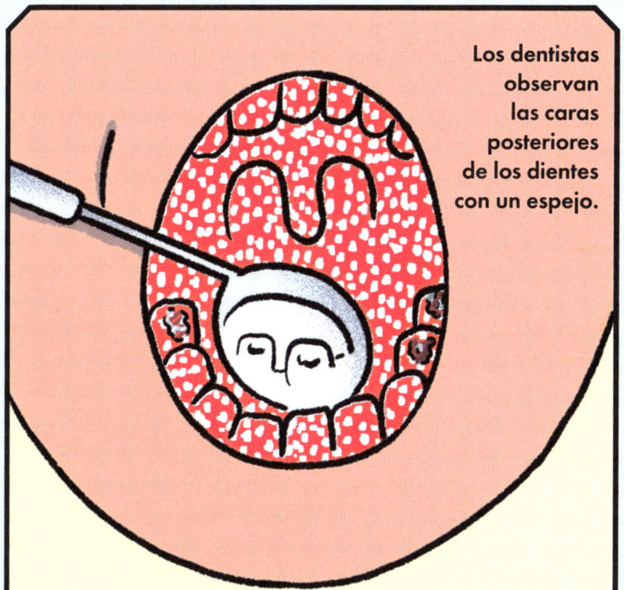

Los dentistas observan las caras posteriores de los dientes con un espejo.

¿Qué es un empaste?

Los dentistas rellenan con empastes los agujeros que hacen las caries: esto impide que la caries se extienda. ¿Puedes descubrir el agujero que produjo la caries en esta imagen? ¿Puedes ver también el empaste que hizo el dentista?

¿Qué sucede cuando muerdes?

¡Ñam! Los potentes músculos de la mandíbula trabajan en conjunto. Primero, la mandíbula inferior muerde; después los músculos mueven la mandíbula arriba y abajo y de lado a lado. Los molares traseros machacan la fruta y la convierten en puré. Masticas y después tragas... ¡Glup!

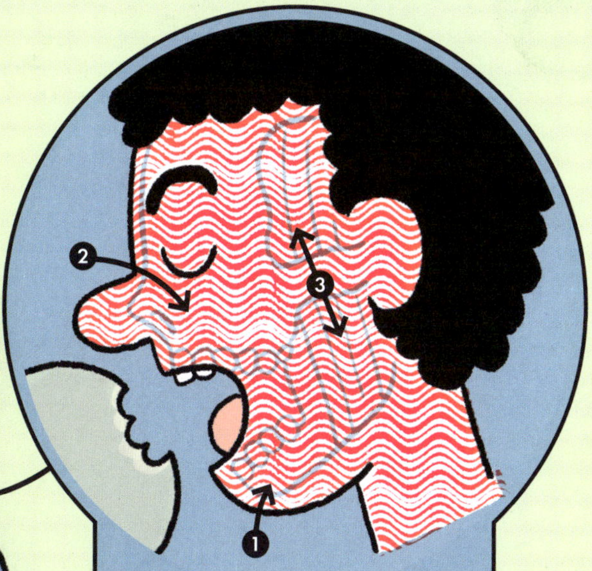

MIRA QUÉ HAY DENTRO

Descubre lo que sucede dentro de la boca y cómo trabajan los dientes.

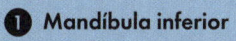

1 Mandíbula inferior

2 Mandíbula superior

3 Los músculos abren y cierran la mandíbula.

LA PIEL Y EL PELO

¿Cuánto pelo tiene el cuerpo humano?

¡Somos peludos! Un cuerpo adulto puede tener hasta 5 millones de pelos, desde la cabeza a los pies. Es la misma cantidad de pelo que la de un simio, pero los pelos del ser humano son más pequeños, finos y difíciles de ver.

El cuerpo humano está cubierto por la piel, el pelo y las uñas. La piel es una funda para el cuerpo que repele el agua y ayuda a mantener nuestras entrañas dentro y las cosas dañinas, como los microbios, fuera.

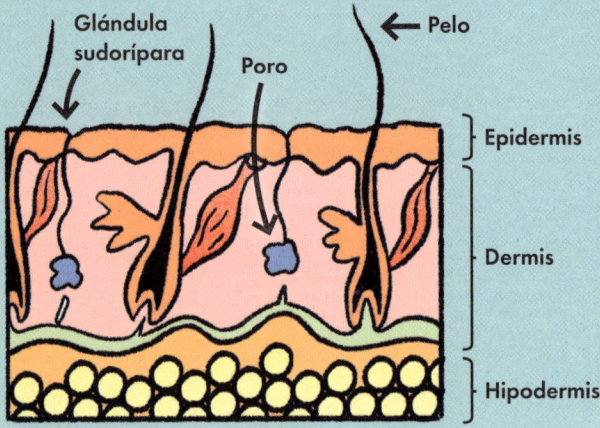

¿Qué sucede debajo de la piel?

Esta imagen muestra un primer plano de las tres capas de la piel, que llamamos epidermis, dermis e hipodermis (o capa grasa).

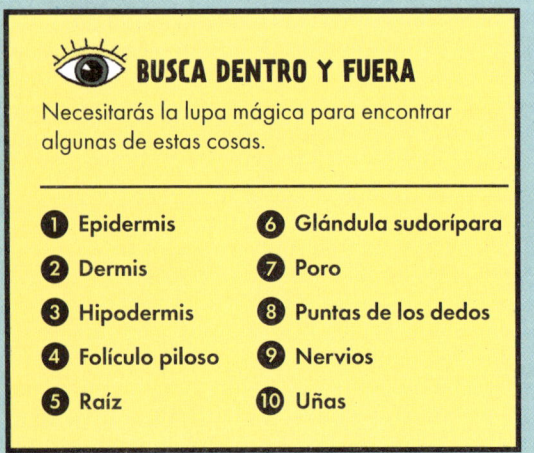

BUSCA DENTRO Y FUERA

Necesitarás la lupa mágica para encontrar algunas de estas cosas.

1. Epidermis
2. Dermis
3. Hipodermis
4. Folículo piloso
5. Raíz
6. Glándula sudorípara
7. Poro
8. Puntas de los dedos
9. Nervios
10. Uñas

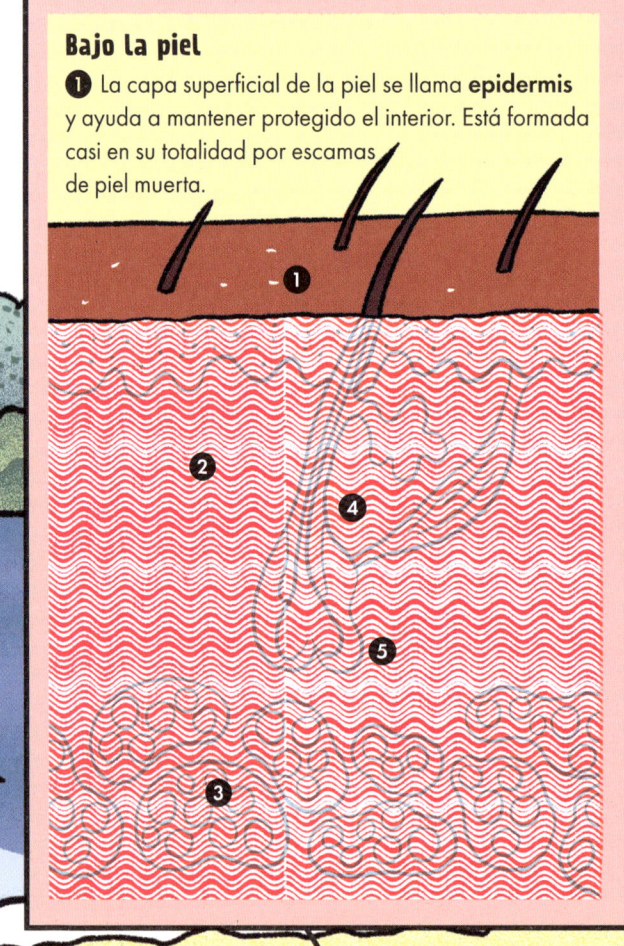

Bajo la piel

1. La capa superficial de la piel se llama **epidermis** y ayuda a mantener protegido el interior. Está formada casi en su totalidad por escamas de piel muerta.

MIRA QUÉ HAY DENTRO

¿Qué sucede debajo de la piel?

2. La **dermis** está debajo de la epidermis. Esta capa gruesa está llena de vasos sanguíneos y terminaciones nerviosas. Las terminaciones nerviosas permiten que el cuerpo tenga sensaciones y perciba el calor, el frío o el dolor.

3. Por debajo de la dermis está la **hipodermis**, una capa de grasa que almacena energía y mantiene el calor del cuerpo.

4. Unos pelos flexibles crecen agrupados dentro de los **folículos pilosos**, que son unos pequeños túneles situados en las profundidades del interior de la piel.

5. La **raíz del pelo** se encuentra en la base del folículo.

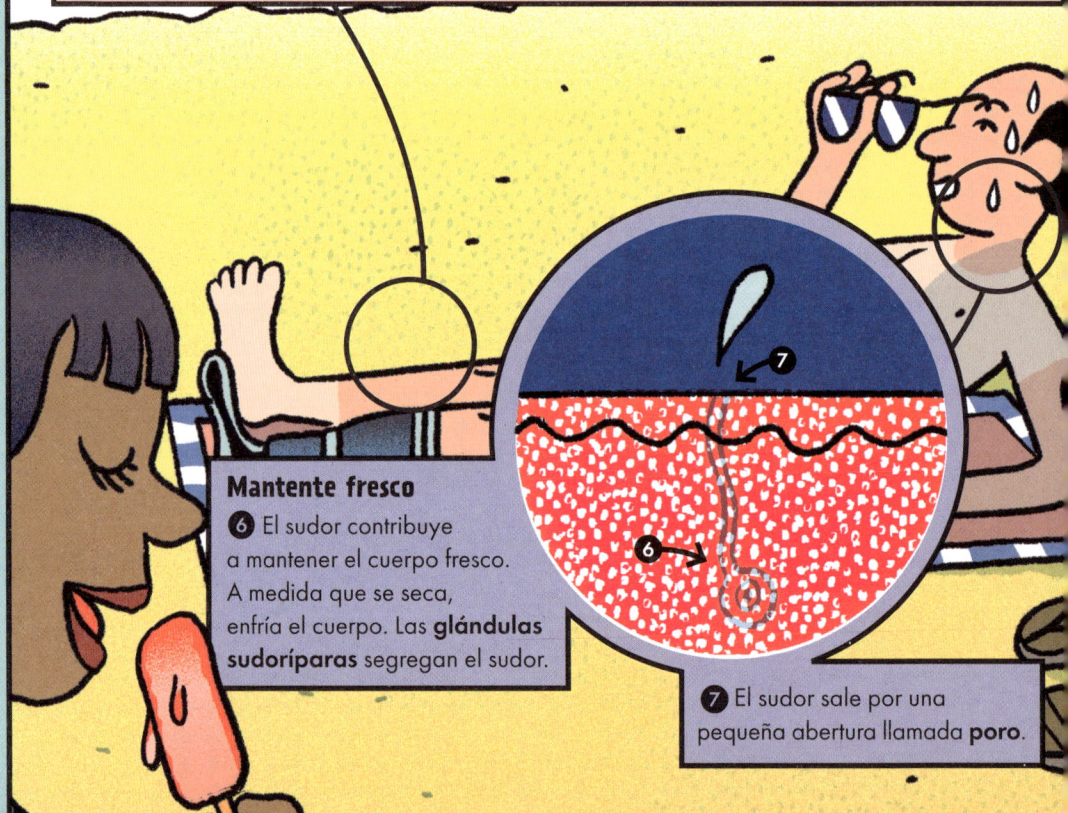

Mantente fresco

6. El sudor contribuye a mantener el cuerpo fresco. A medida que se seca, enfría el cuerpo. Las **glándulas sudoríparas** segregan el sudor.

7. El sudor sale por una pequeña abertura llamada **poro**.

¿Cómo puedes mantenerte seguro bajo el sol?

El sol puede hacernos sentir calidez y relajación en la piel, pero en exceso es dañino: hasta puede quemar la capa superficial de la piel.

Cuando el sol brilla fuerte de verdad, es mejor mantenerse alejado de su luz directa, llevar un sombrero y ropa que cubra el cuerpo, además de ponernos protector solar.

¿Para qué sirve el pelo?

El cabello conserva el calor de la cabeza, mientras que los miles de finos vellos del cuerpo ayudan a mantenerlo justo a la temperatura adecuada, ni muy fría ni muy caliente. El pelo también protege de la luz solar excesiva.

¿Tienes el pelo rizado o liso? Todo depende de la forma de los folículos. Visualiza los folículos como si fueran túneles con formas distintas. El pelo crece en el folículo y sale.

El pelo liso crece en los folículos redondos.

El pelo ondulado sale de folículos ovalados.

El pelo rizado crece en los folículos aplanados.

Los dedos de las manos y los pies

8 Las **puntas** de los dedos están repletas de receptores del tacto.

9 Los **nervios** transportan las señales al cerebro para que sintamos todo tipo de cosas, desde la aspereza hasta la humedad.

10 Las **uñas** son láminas duras de células muertas que protegen la punta de los dedos. Las uñas crecen porque se producen células nuevas que empujan hacia delante la lámina de la uña.

Las uñas contienen una sustancia dura que se llama queratina y que también se encuentra en el cabello.

LOS HUESOS

Imagina que no tuvieras huesos dentro del cuerpo...

¡Serías una masa amorfa! Más de 200 huesos de formas y tamaños distintos forman lo que llamamos esqueleto. ¿Puedes sentir algún hueso por debajo de la piel?

Los resistentes huesos mantienen a salvo el blando interior del cuerpo, incluyendo el cerebro y el corazón. Al mismo tiempo, los flexibles músculos tiran de los huesos para mover el cuerpo, desde una mano que saluda o sostiene un lápiz hasta las piernas que corren o saltan.

👁 BUSCA DENTRO Y FUERA

Necesitarás la lupa mágica para encontrar algunas de estas cosas.

1. Esqueleto
2. Cráneo
3. Articulación
4. Hombro
5. Costillas
6. Codo
7. Columna vertebral
8. Pelvis
9. Rodilla
10. Tobillo

¿Qué hay en el interior de los huesos?

Los huesos son fuertes y sorprendentemente ligeros. El exterior de los huesos es duro y compacto. En cambio, su interior es esponjoso, parecido a un panal de abejas. En el centro hay una sustancia gelatinosa, llamada médula ósea, que hace posible la fabricación de nuevas células sanguíneas.

Médula ósea

Hueso esponjoso

Hueso compacto

¿Qué es una articulación esférica?

Es un tipo de articulación que permite el movimiento en muchas direcciones. Si puedes, prueba a mover el brazo y a tocarte el hombro. Ahora visualiza un hueso con forma de esfera que está encajado dentro de otro hueso con forma de copa, que llamamos glena.

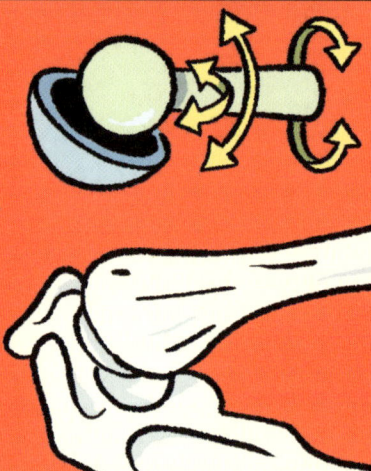

1 Esqueleto

2 El **cráneo** está formado por huesos que encajan entre sí como un puzle. El frágil cerebro está protegido por el cráneo.

3 Las **articulaciones** del cuerpo son los lugares donde se unen dos huesos.

4 El **hombro** es una articulación esférica.

5 Unos huesos curvos, llamados **costillas**, forman una caja para proteger el delicado corazón y los pulmones.

6 El **codo** es una articulación en bisagra.

7 La **columna vertebral** es el principal soporte del cuerpo.

22

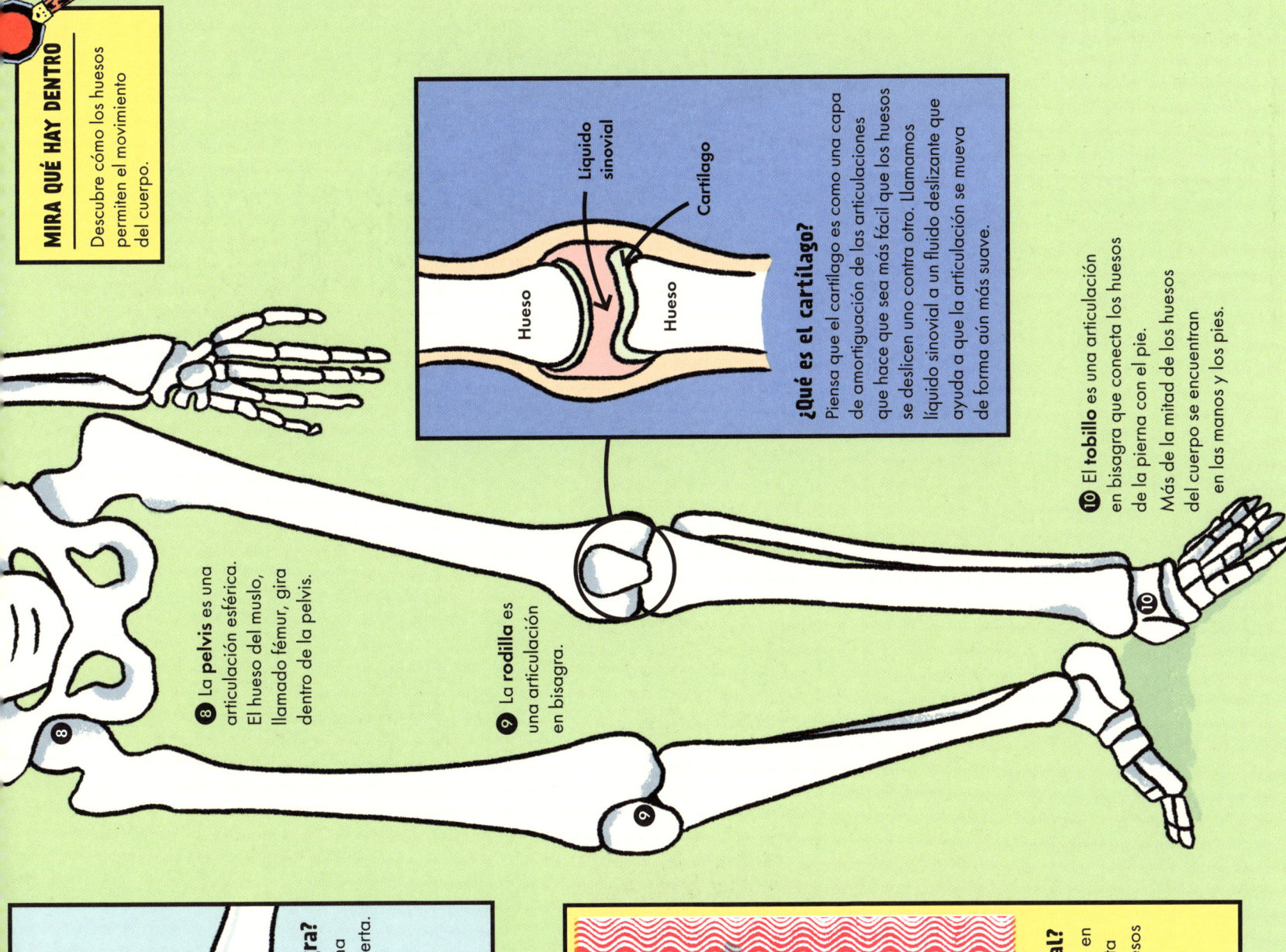

¿Qué es el cartílago?

Piensa que el cartílago es como una capa de amortiguación de las articulaciones que hace que sea más fácil que los huesos se deslicen uno contra otro. Llamamos líquido sinovial a un fluido deslizante que ayuda a que la articulación se mueva de forma aún más suave.

Líquido sinovial

Cartílago

Hueso

Hueso

⑧ La pelvis es una articulación esférica. El hueso del muslo, llamado fémur, gira dentro de la pelvis.

⑨ La rodilla es una articulación en bisagra.

⑩ El tobillo es una articulación en bisagra que conecta los huesos de la pierna con el pie.
Más de la mitad de los huesos del cuerpo se encuentran en las manos y los pies.

¿Qué es una articulación en bisagra?

Se trata de una articulación que funciona de forma similar a la bisagra de una puerta. Si puedes, intenta tocarte el codo a la vez que lo doblas. ¿Puedes sentir que la articulación se dobla y extiende como una puerta que abre y cierra?

¿Cómo se inclina la columna vertebral?

La columna vertebral, o espina dorsal, nace en la base del cráneo y recorre la espalda hasta su extremo final. Está compuesta por 33 huesos con formas parecidas a discos, llamados vértebras, que se ensamblan entre sí para formar un eje flexible que puede inclinarse.

23

LOS MÚSCULOS

¿Qué sucede dentro del brazo cuando se levanta? ¡Un, dos, tres, cuatro!

Llamamos bíceps y tríceps a una pareja de músculos que trabajan unidos tirando de los huesos del brazo y lo mueven para arriba.

Los músculos suelen funcionar en pareja: es un trabajo en equipo. A lo largo del esqueleto, más de 600 músculos elásticos tiran de los huesos para permitir que el cuerpo adopte todo tipo de flexibles movimientos.

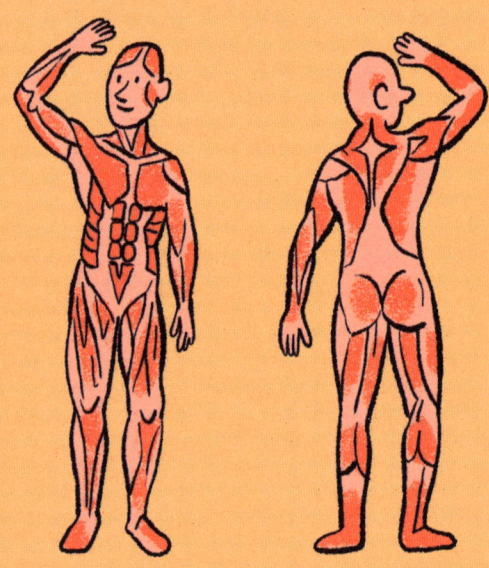

¿En qué partes del cuerpo hay músculos?

Hay músculos por todo el cuerpo. Esta imagen muestra los músculos desde la cabeza hasta la punta de los pies.

BUSCA DENTRO Y FUERA

Necesitarás la lupa mágica para encontrar algunas de estas cosas.

1 Hueso   5 Músculos faciales
2 Bíceps   6 Glúteo mayor
3 Tríceps   7 Coxis
4 Omóplato

Los músculos empujan y tiran

1 Para mover un **hueso**, los músculos trabajan en parejas haciendo cada uno lo opuesto del otro. Un músculo se contrae, o tira, y el otro se relaja. Esto es así porque los músculos solo pueden tirar de los huesos haciéndose más cortos, no pueden empujar.

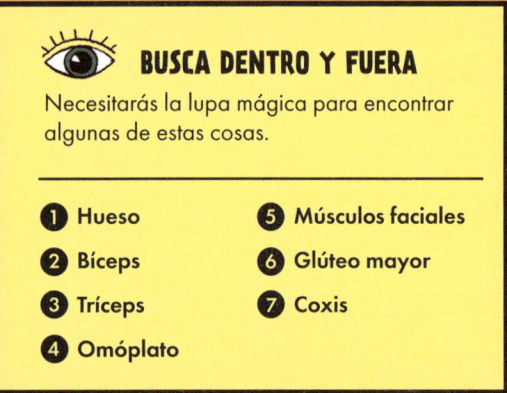

Cuando el brazo se levanta, suceden dos cosas:

2 El músculo **bíceps** se contrae y se vuelve más ancho y más corto.

3 Además, el **tríceps** se relaja y se hace más estrecho y más largo. Unidos, los dos músculos elevan la parte inferior del brazo.

4 El **omóplato** ayuda a mantener los músculos bíceps y tríceps fijos en su posición.

Y se relajan...

Cuando el brazo se extiende, sucede lo contrario:

3 El músculo **tríceps** se contrae, es decir, se hace más corto.

2 Mientras, el músculo **bíceps** se relaja. El tríceps tira de la parte inferior del brazo hacia abajo y el brazo se estira.

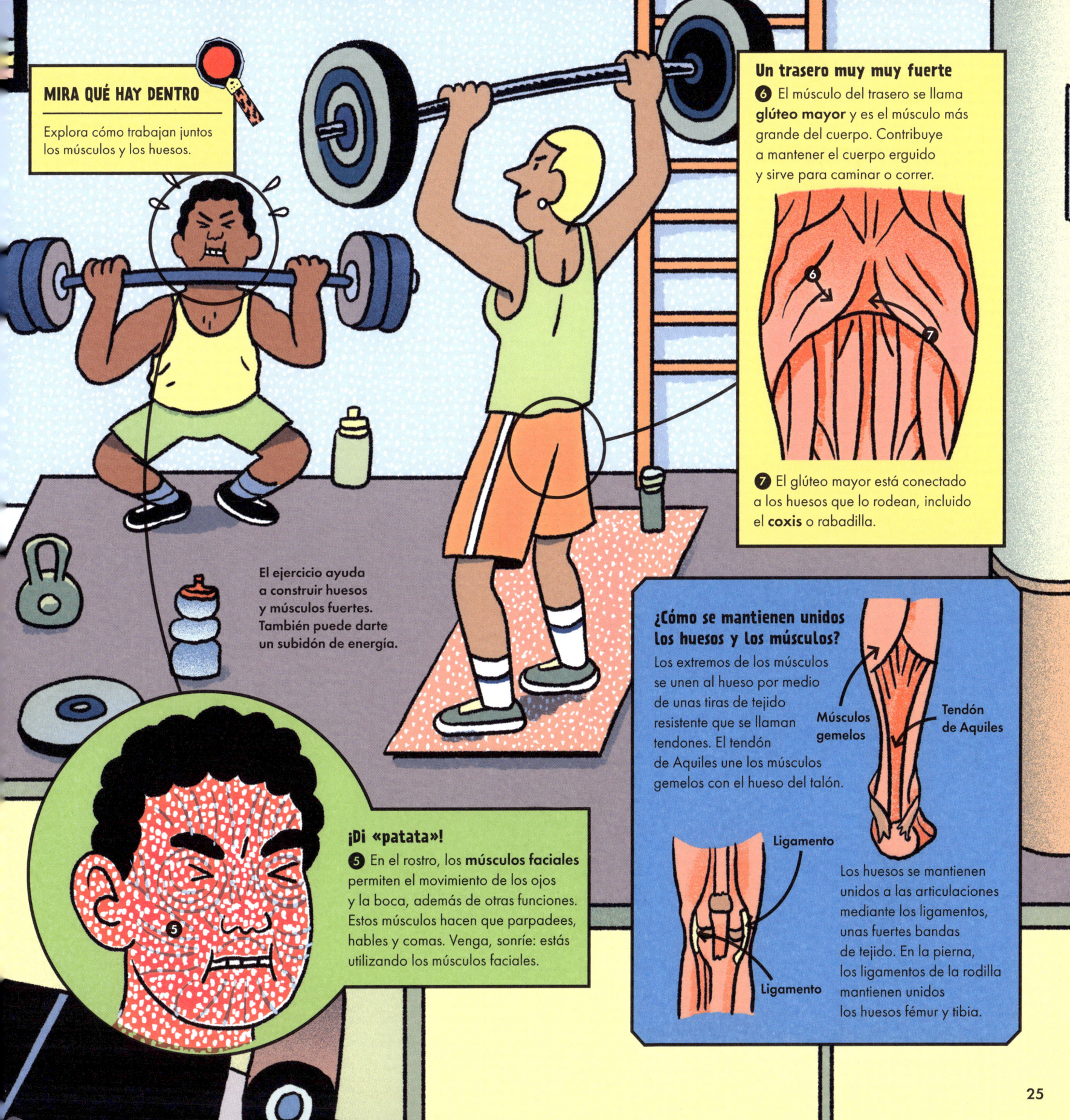

Explora cómo trabajan juntos los músculos y los huesos.

Un trasero muy muy fuerte

6 El músculo del trasero se llama **glúteo mayor** y es el músculo más grande del cuerpo. Contribuye a mantener el cuerpo erguido y sirve para caminar o correr.

7 El glúteo mayor está conectado a los huesos que lo rodean, incluido el **coxis** o rabadilla.

El ejercicio ayuda a construir huesos y músculos fuertes. También puede darte un subidón de energía.

¿Cómo se mantienen unidos los huesos y los músculos?

Los extremos de los músculos se unen al hueso por medio de unas tiras de tejido resistente que se llaman tendones. El tendón de Aquiles une los músculos gemelos con el hueso del talón.

Músculos gemelos

Tendón de Aquiles

Ligamento

Ligamento

Los huesos se mantienen unidos a las articulaciones mediante los ligamentos, unas fuertes bandas de tejido. En la pierna, los ligamentos de la rodilla mantienen unidos los huesos fémur y tibia.

¡Di «patata»!

5 En el rostro, los **músculos faciales** permiten el movimiento de los ojos y la boca, además de otras funciones. Estos músculos hacen que parpadees, hables y comas. Venga, sonríe: estás utilizando los músculos faciales.

LOS PULMONES

¿Por qué el ejercicio nos hace jadear y resoplar?

Durante el ejercicio respiramos más rápido y tomamos más oxígeno del aire para que los músculos puedan trabajar con mayor intensidad de lo habitual. ¡Puf!

Los pulmones se encuentran en el tórax. Inhalamos y exhalamos el aire a través de la nariz y la boca. Los pulmones toman el oxígeno del aire y lo introducen en el cuerpo para mantenerlo en funcionamiento.

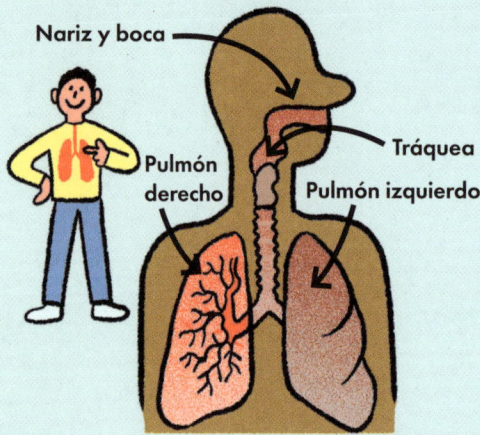

Nariz y boca
Pulmón derecho
Tráquea
Pulmón izquierdo

¿Cómo se mueve el aire hacia el interior de los pulmones?

Esta imagen muestra cómo se desplaza el aire a través de la boca y la nariz para descender luego por la tráquea hacia los pulmones.

BUSCA DENTRO Y FUERA

Necesitarás la lupa mágica para encontrar algunas de estas cosas.

1 Tráquea   5 Diafragma
2 Laringe   6 Bronquios
3 Pulmones   7 Bronquiolos
4 Caja torácica 8 Alveolos

MIRA QUÉ HAY DENTRO

Descubre lo que ocurre dentro del cuerpo cuando inhalas y exhalas.

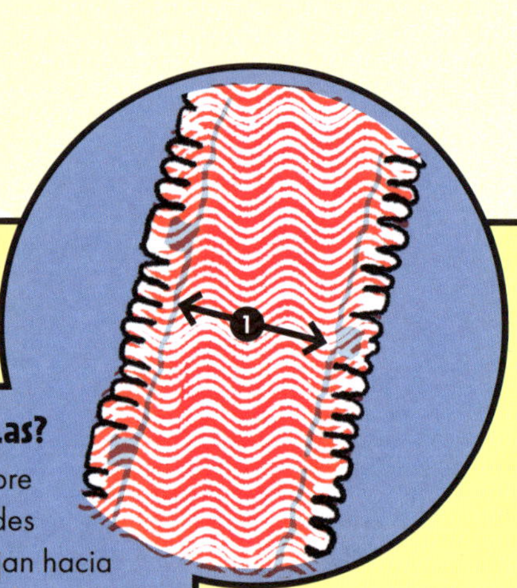

¿Qué sucede cuando inhalas?

Prueba a poner las manos sobre las costillas y toma aire. ¿Puedes sentir cómo las costillas empujan hacia arriba y hacia fuera? Esto ayuda a crear más espacio en el interior del tórax.

1 El aire procedente de la nariz y la boca desciende por la **tráquea** hacia los pulmones. La superficie de la tráquea está cubierta de unas estructuras minúsculas parecidas a pelos que atrapan la suciedad y los microbios.

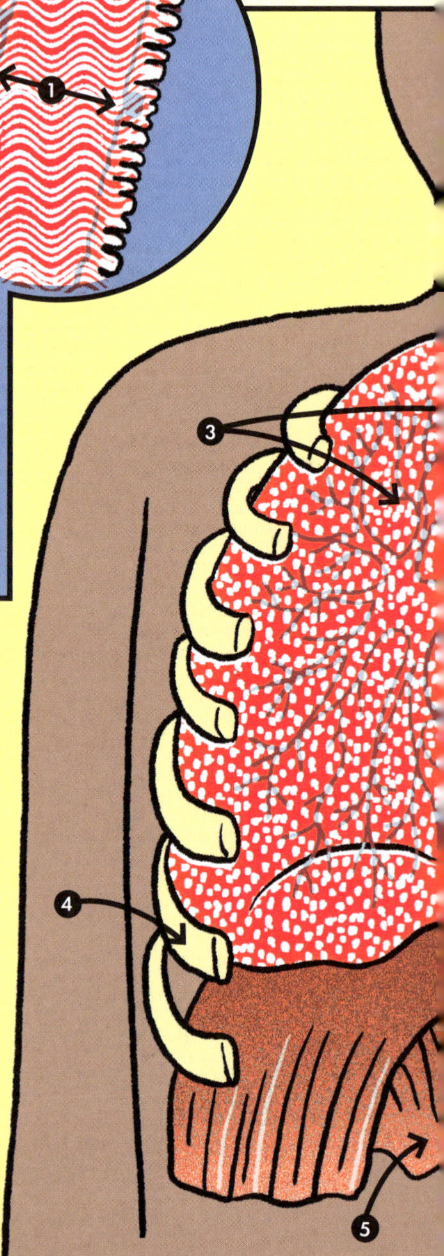

3 Los **pulmones** son parecidos a dos sacos esponjosos. Hay uno en el lado izquierdo del tórax y otro en el derecho. El pulmón izquierdo deja espacio libre para el corazón. La mucosidad de los pulmones atrapa los microbios. Al toser, expulsas la mucosidad y te deshaces de los gérmenes.

4 Los huesos de la **caja torácica** protegen los pulmones y el corazón.

5 El **diafragma** es una potente faja muscular. Cuando se tensa, se vuelve más plano y crea más espacio dentro del tórax. El aire se precipita al interior de los pulmones: estás inhalando. Cuando el diafragma vuelve a relajarse, empuja el aire fuera de los pulmones y estás exhalando.

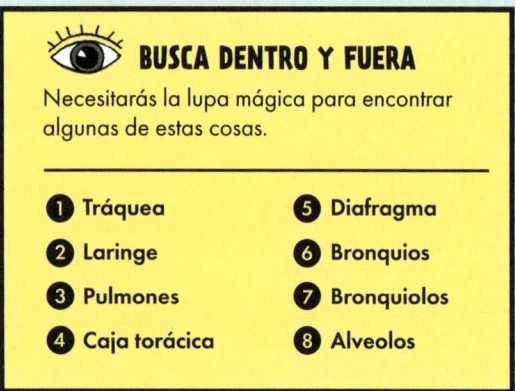

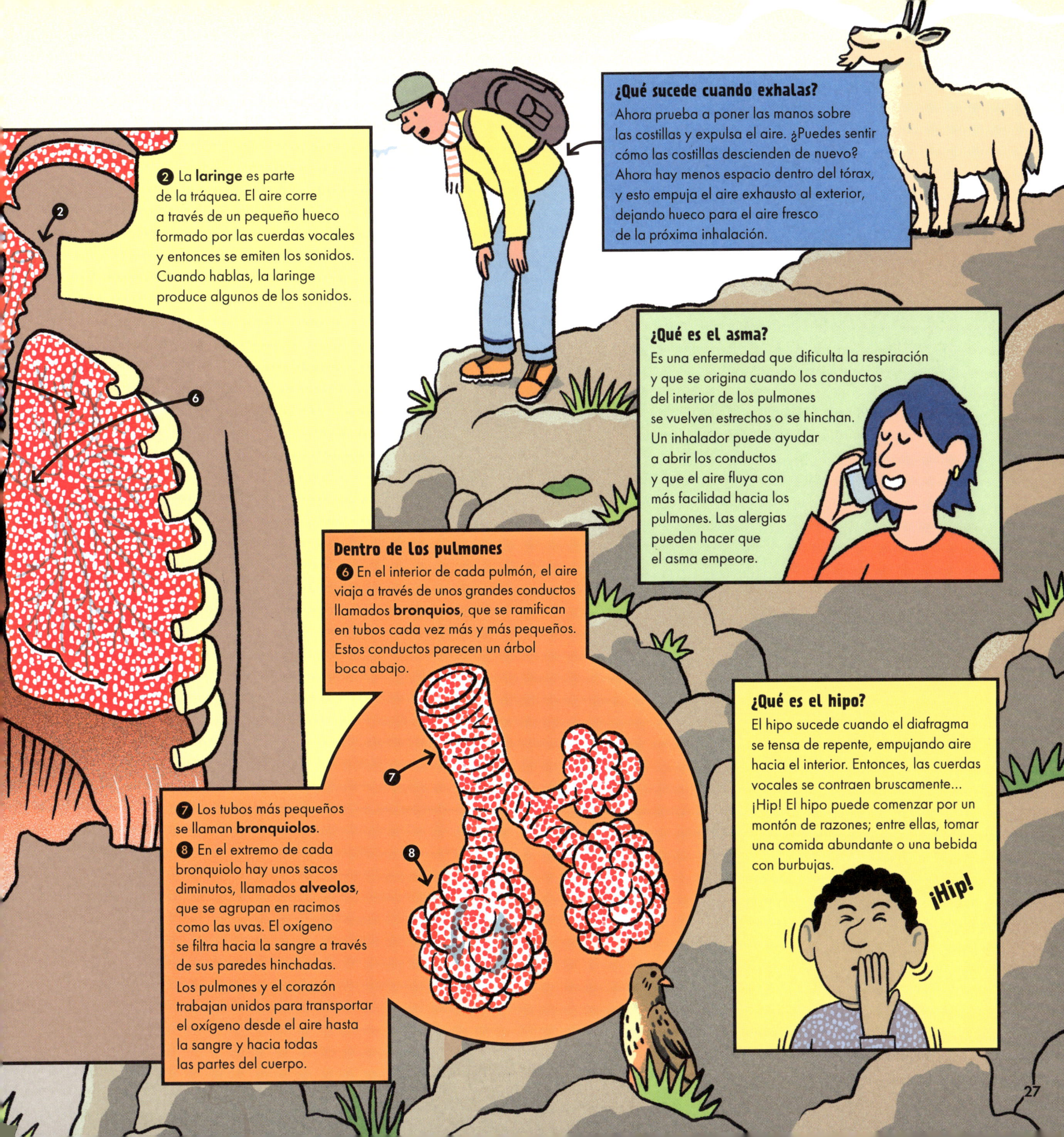

2 La **laringe** es parte de la tráquea. El aire corre a través de un pequeño hueco formado por las cuerdas vocales y entonces se emiten los sonidos. Cuando hablas, la laringe produce algunos de los sonidos.

¿Qué sucede cuando exhalas?

Ahora prueba a poner las manos sobre las costillas y expulsa el aire. ¿Puedes sentir cómo las costillas descienden de nuevo? Ahora hay menos espacio dentro del tórax, y esto empuja el aire exhausto al exterior, dejando hueco para el aire fresco de la próxima inhalación.

¿Qué es el asma?

Es una enfermedad que dificulta la respiración y que se origina cuando los conductos del interior de los pulmones se vuelven estrechos o se hinchan. Un inhalador puede ayudar a abrir los conductos y que el aire fluya con más facilidad hacia los pulmones. Las alergias pueden hacer que el asma empeore.

Dentro de los pulmones

6 En el interior de cada pulmón, el aire viaja a través de unos grandes conductos llamados **bronquios**, que se ramifican en tubos cada vez más y más pequeños. Estos conductos parecen un árbol boca abajo.

7 Los tubos más pequeños se llaman **bronquiolos**.

8 En el extremo de cada bronquiolo hay unos sacos diminutos, llamados **alveolos**, que se agrupan en racimos como las uvas. El oxígeno se filtra hacia la sangre a través de sus paredes hinchadas.

Los pulmones y el corazón trabajan unidos para transportar el oxígeno desde el aire hasta la sangre y hacia todas las partes del cuerpo.

¿Qué es el hipo?

El hipo sucede cuando el diafragma se tensa de repente, empujando aire hacia el interior. Entonces, las cuerdas vocales se contraen bruscamente... ¡Hip! El hipo puede comenzar por un montón de razones; entre ellas, tomar una comida abundante o una bebida con burbujas.

¡Hip!

EL CORAZÓN

¿Por qué el corazón no se detiene?

Tarda unos 60 segundos en bombear la sangre por todo el cuerpo. Imagina que el corazón es como una bomba que jamás se detiene.

Unas 70 veces por minuto, el corazón impulsa por todas las partes del cuerpo la sangre repleta de oxígeno y de sustancias procedentes de los alimentos que tomas. El corazón es un órgano esencial que te mantiene con vida.

Este lado bombea la sangre fuera del corazón.

Este lado bombea la sangre de vuelta al corazón.

¿Dónde está el corazón?

El corazón se encuentra en el tórax. Esta imagen muestra cómo el corazón tiene dos lados que bombean sangre por el cuerpo.

 BUSCA DENTRO Y FUERA

Necesitarás la lupa mágica para encontrar algunas de estas cosas.

❶ Plasma		❻ Pulmones	
❷ Glóbulos rojos		❼ Válvulas	
❸ Plaquetas		❽ Capilares	
❹ Glóbulos blancos		❾ Arterias	
❺ Corazón		❿ Venas	

¿Qué hay en la sangre?

❶ La sangre está compuesta por un líquido llamado **plasma**, que es agua en su mayor parte, además de por tres tipos de células sanguíneas que se llaman glóbulos rojos, glóbulos blancos y plaquetas.

❷ Casi la mitad de la sangre está formada por **glóbulos rojos**. Estas células llevan el oxígeno a las demás células y retiran el dióxido de carbono que producen. Esta imagen muestra las células sanguíneas a un tamaño mucho mayor del que tienen en realidad, como si mirases por un microscopio.

❸ Las **plaquetas** permiten que la sangre se espese, o coagule, y hacen las costras que cubren las heridas.

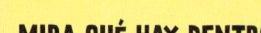

MIRA QUÉ HAY DENTRO

Descubre lo que sucede cuando late el corazón.

❹ Los **glóbulos blancos** ayudan a luchar contra las infecciones, matando a los microbios.

El ejercicio puede ayudarte a fortalecer el corazón y mantenerlo en las mejores condiciones.

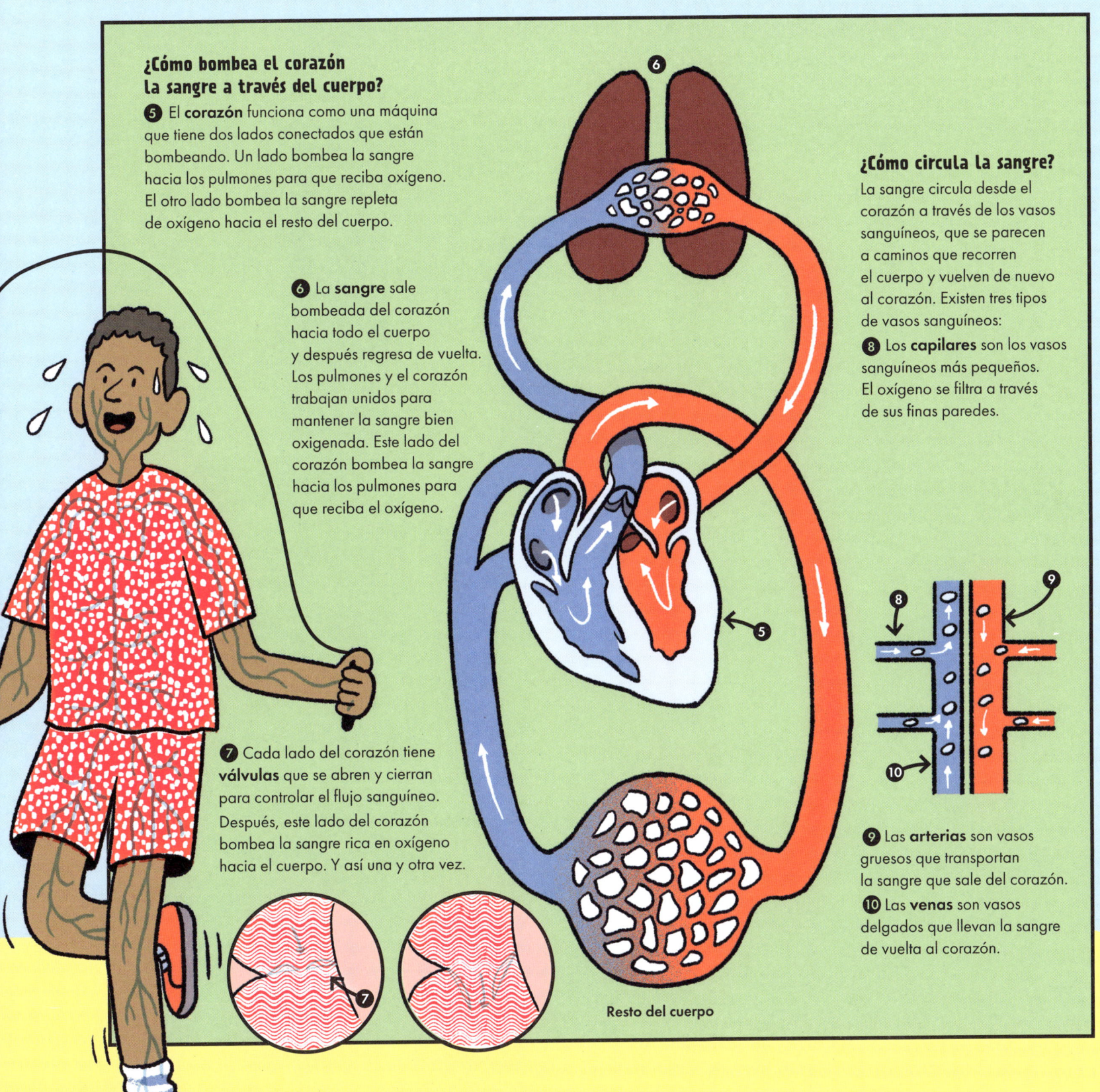

¿Cómo bombea el corazón la sangre a través del cuerpo?

5 El **corazón** funciona como una máquina que tiene dos lados conectados que están bombeando. Un lado bombea la sangre hacia los pulmones para que reciba oxígeno. El otro lado bombea la sangre repleta de oxígeno hacia el resto del cuerpo.

6 La **sangre** sale bombeada del corazón hacia todo el cuerpo y después regresa de vuelta. Los pulmones y el corazón trabajan unidos para mantener la sangre bien oxigenada. Este lado del corazón bombea la sangre hacia los pulmones para que reciba el oxígeno.

7 Cada lado del corazón tiene **válvulas** que se abren y cierran para controlar el flujo sanguíneo. Después, este lado del corazón bombea la sangre rica en oxígeno hacia el cuerpo. Y así una y otra vez.

¿Cómo circula la sangre?

La sangre circula desde el corazón a través de los vasos sanguíneos, que se parecen a caminos que recorren el cuerpo y vuelven de nuevo al corazón. Existen tres tipos de vasos sanguíneos:

8 Los **capilares** son los vasos sanguíneos más pequeños. El oxígeno se filtra a través de sus finas paredes.

9 Las **arterias** son vasos gruesos que transportan la sangre que sale del corazón.

10 Las **venas** son vasos delgados que llevan la sangre de vuelta al corazón.

Resto del cuerpo

29

COMER Y BEBER

¿Qué pasa cuando te suenan las tripas? Grub, grub... ¡Perdón!

Es el sonido de las burbujas de aire mezcladas con alimentos y jugos que tienes en tu interior. La cena se está moviendo a través del cuerpo.

Los alimentos descienden a través de un largo tubo que va desde la boca hasta el trasero. Durante este recorrido, el cuerpo absorbe las partes que nos sirven, llamadas nutrientes. Este viaje de los alimentos se llama digestión.

MIRA QUÉ HAY DENTRO

Descubre cómo el cuerpo digiere la comida: es un trabajo en equipo de distintos órganos del cuerpo.

Los músculos empujan la comida hacia abajo.

4 El alimento desciende por el tubo digestivo, que llamamos **esófago**. Los músculos empujan la comida hacia abajo, hasta el estómago.

5 La **tráquea** es el tubo por el que respiras. Si la comida se introduce ahí por error, toserás para expulsarla.

1 Primero, los **dientes** machacan la comida y la mezclan con la saliva. Unas proteínas específicas, llamadas enzimas, ayudan a descomponer los alimentos.

2 La **lengua** mueve la comida por la boca y la empuja hacia abajo, a la garganta: ha llegado el momento de tragar.

3 La **epiglotis** evita que la comida se vaya por el lado incorrecto.

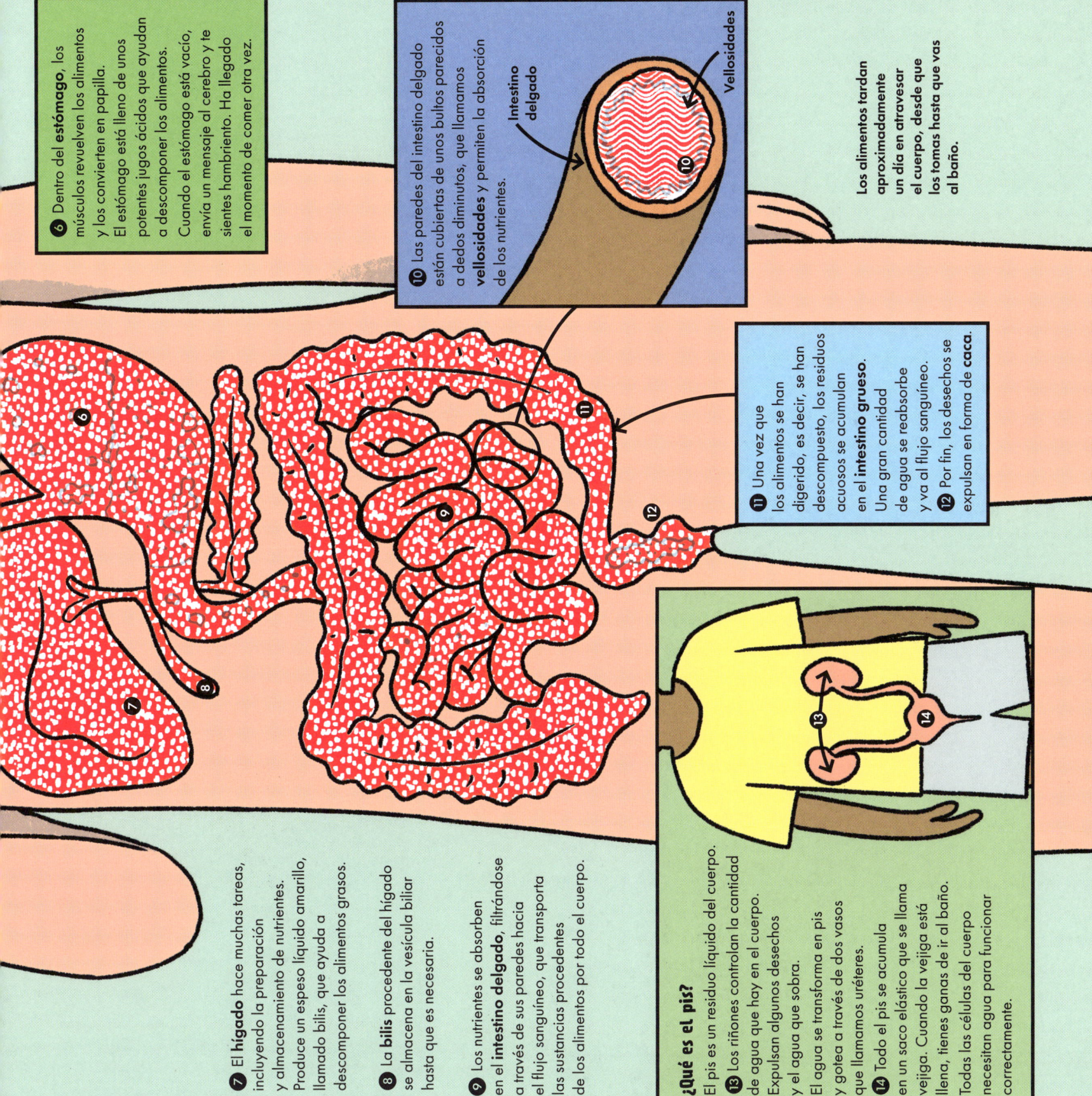

6 Dentro del **estómago**, los músculos revuelven los alimentos y los convierten en papilla. El estómago está lleno de unos potentes jugos ácidos que ayudan a descomponer los alimentos. Cuando el estómago está vacío, envía un mensaje al cerebro y te sientes hambriento. Ha llegado el momento de comer otra vez.

10 Las paredes del intestino delgado están cubiertas de unos bultos parecidos a dedos diminutos, que llamamos **vellosidades** y permiten la absorción de los nutrientes.

Intestino delgado

Vellosidades

Los alimentos tardan aproximadamente un día en atravesar el cuerpo, desde que los tomas hasta que vas al baño.

11 Una vez que los alimentos se han digerido, es decir, se han descompuesto, los residuos acuosos se acumulan en el **intestino grueso**. Una gran cantidad de agua se reabsorbe y va al flujo sanguíneo.

12 Por fin, los desechos se expulsan en forma de **caca**.

7 El **hígado** hace muchas tareas, incluyendo la preparación y almacenamiento de nutrientes. Produce un espeso líquido amarillo, llamado bilis, que ayuda a descomponer los alimentos grasos.

8 La **bilis** procedente del hígado se almacena en la vesícula biliar hasta que es necesaria.

9 Los nutrientes se absorben en el **intestino delgado**, filtrándose a través de sus paredes hacia el flujo sanguíneo, que transporta las sustancias procedentes de los alimentos por todo el cuerpo.

¿Qué es el pis?

El pis es un residuo líquido del cuerpo.

13 Los riñones controlan la cantidad de agua que hay en el cuerpo. Expulsan algunos desechos y el agua que sobra. El agua se transforma en pis y gotea a través de dos vasos que llamamos uréteres.

14 Todo el pis se acumula en un saco elástico que se llama vejiga. Cuando la vejiga está llena, tienes ganas de ir al baño. Todas las células del cuerpo necesitan agua para funcionar correctamente.

LUCHAR PARA MANTENER LA SALUD

¿Qué hace el cuerpo para mantener tu salud y luchar contra las enfermedades?

Llamamos sistema inmunitario al conjunto de unidades de defensa del cuerpo. La protección comienza en el exterior: la piel impide que los microbios invadan el cuerpo, la saliva los mata en la boca y la mucosidad del interior de la nariz también los atrapa.

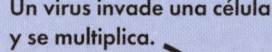

MIRA QUÉ HAY DENTRO

Descubre cómo lucha el cuerpo contra las enfermedades.

¿Cómo causan enfermedades los microbios?

Todas las clases de microbios invasores intentan atacar el cuerpo, entre ellos las bacterias y los virus. Si estos microbios entran en el cuerpo, pueden extenderse y causar una **infección**, haciendo que te sientas enfermo.

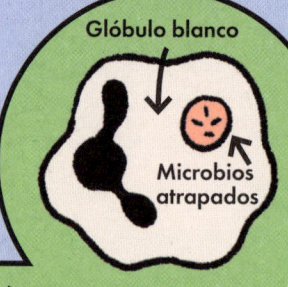

Glóbulo blanco

Microbios atrapados

¿Cómo lucha el cuerpo contra las infecciones?

Los glóbulos blancos del cuerpo fabrican unas armas llamadas **anticuerpos**, que se pegan a los microbios para indicar a los glóbulos blancos que esos microorganismos son el enemigo. Al mismo tiempo, otro tipo de glóbulos blancos rastrean a los microbios para destruirlos: los rodean y, después, los atrapan y los devoran.

Algunas personas tienen el sistema inmunitario debilitado. Los médicos les proporcionan medicamentos específicos para estimularlo.

¿Qué es un virus?

Es una estructura minúscula que puede provocar enfermedades. Primero, el virus invade una célula, y después esta produce copias del virus. Estas copias invadirán más células y el virus se extenderá.

Un virus invade una célula y se multiplica.

PREVENIR LOS VIRUS

¿Qué es una vacuna?

Las vacunas, que habitualmente son inyecciones, protegen el cuerpo para que no coja enfermedades contagiosas. Además, enseñan al sistema inmunitario cómo luchar contra la enfermedad. Algunas vacunas pueden protegernos de las enfermedades durante muchos años.

Los cortes profundos en la piel se llaman heridas. Con el tiempo, lentamente, la piel nueva se regenera hasta que la herida sana.

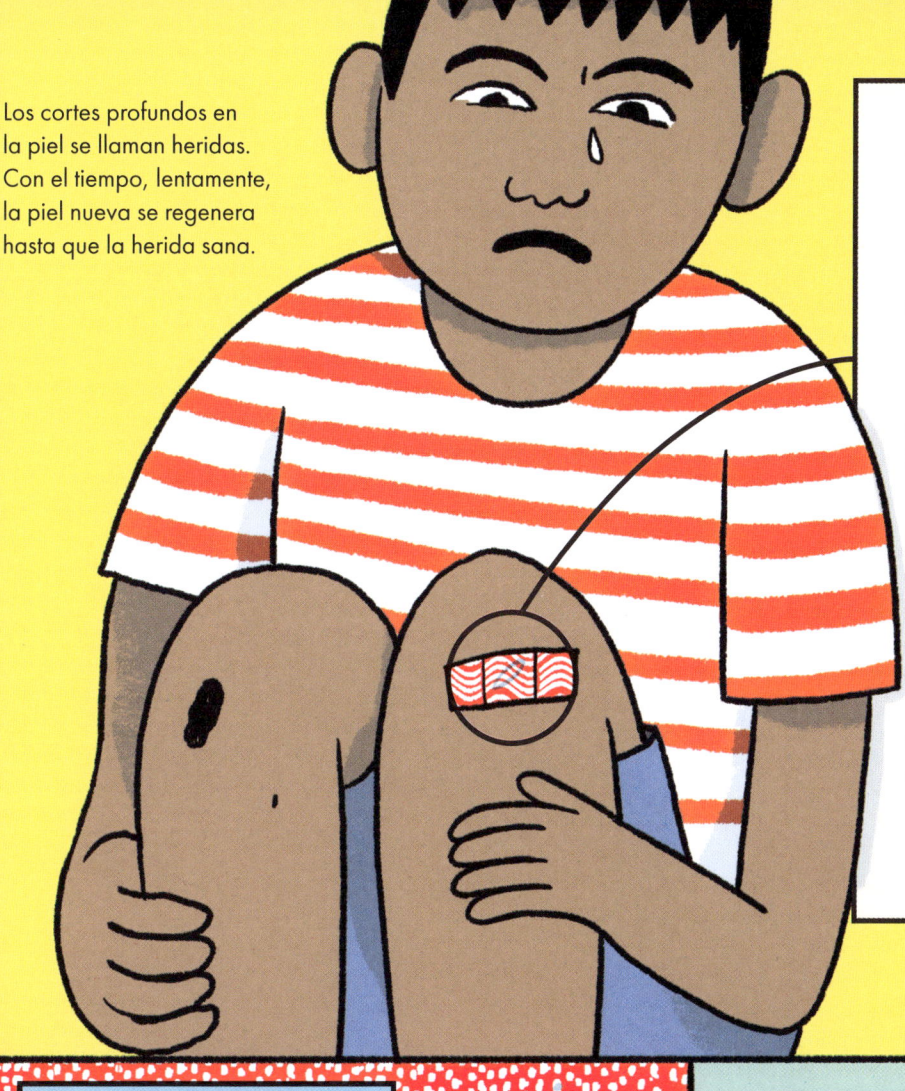

¿Cómo se cura un corte?

Cuando la piel se rompe, el cuerpo se pone en marcha con rapidez.

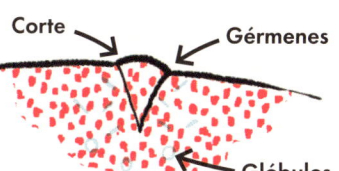

Corte — Gérmenes

Glóbulos blancos

1 Los glóbulos blancos acuden veloces hacia el corte para matar cualquier microbio.

2 Cerca del corte, las plaquetas espesan la sangre para que pueda formarse una costra, que evitará que entren más microbios.
A veces se forma un pus de color amarillo verdoso, que está compuesto casi en su totalidad por los glóbulos blancos muertos que han acabado con los microbios.

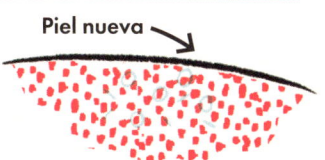

Pus — Costra

Plaquetas

3 Con el tiempo, la piel se cura. Pronto caerá la costra y la piel nueva que hay debajo quedará al descubierto.

Piel nueva

¿Qué son las alergias?

Son una reacción del cuerpo ante algunas sustancias que considera dañinas. Puede que empieces a estornudar a causa del polvo, del polen, o si tienes mascotas. Algunas alergias pueden ser peligrosas y provocar problemas cardiacos o respiratorios.

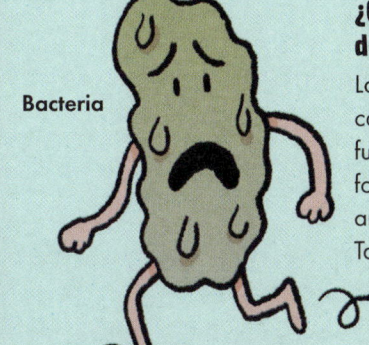

¿Qué son las bacterias?

Las bacterias son diminutos seres vivos. Cada bacteria está formada por una sola célula. Muchas son inofensivas, y algunas incluso pueden beneficiarnos. Sin embargo, cuando las bacterias dañinas entran en el cuerpo, producen infecciones y enfermedades.

Antibiótico

Bacteria

¿Qué medicamentos detienen una infección?

Los antibióticos nos ayudan a luchar contra las infecciones causadas por bacterias. Además, son capaces de funcionar como si fueran un equipo de boxeadores formidables que atacan a las bacterias. Incluso pueden aniquilar a las bacterias o evitar que se multipliquen. También pueden matar a las bacterias buenas, así que solo deben emplearse cuando sea necesario.

VAMOS AL MÉDICO

¿Qué ocurre en un centro de salud?

El equipo médico trabaja como si fueran detectives que buscan pistas sobre el motivo por el que puedes estar sintiéndote mal. Los médicos o los enfermeros hacen preguntas con mucho detalle sobre cómo te sientes.

A menudo, las señales externas del cuerpo pueden servir para mostrar lo que está ocurriendo en el interior. ¿Te sientes más caliente de lo normal? ¿Tienes un sarpullido? Echar un vistazo al interior de los oídos y la boca puede indicar también cómo está funcionando el cuerpo.

¿Qué está pasando ahí dentro?

Un médico puede escuchar el interior del tórax con un estetoscopio. Con ese aparato es capaz de oír el latido cardiaco o la respiración, y puede notar si hay problemas en el corazón o los pulmones.

¿Qué ocurre en un hospital?

En el hospital, los médicos especialistas, enfermeros y todo tipo de trabajadores sanitarios atienden a los pacientes. En urgencias, los médicos ven de inmediato a los pacientes con alguna emergencia. Un paciente hospitalizado es aquel que pasa la noche en el hospital.

DEPARTAMENTOS DE CONSULTAS EXTERNAS

 Oftalmología: ojos

 Otorrinolaringología: oídos, nariz y garganta

 Dermatología: piel

 Diagnóstico por imagen: radiografías y escáneres

 Traumatología: huesos y músculos

 Neumología: pulmones

 Cardiología: corazón

 Obstetricia: partos

Patología: análisis de sangre y de tejidos

Un paciente externo visita el hospital durante una cita en alguno de los muchos departamentos de especialidades médicas.

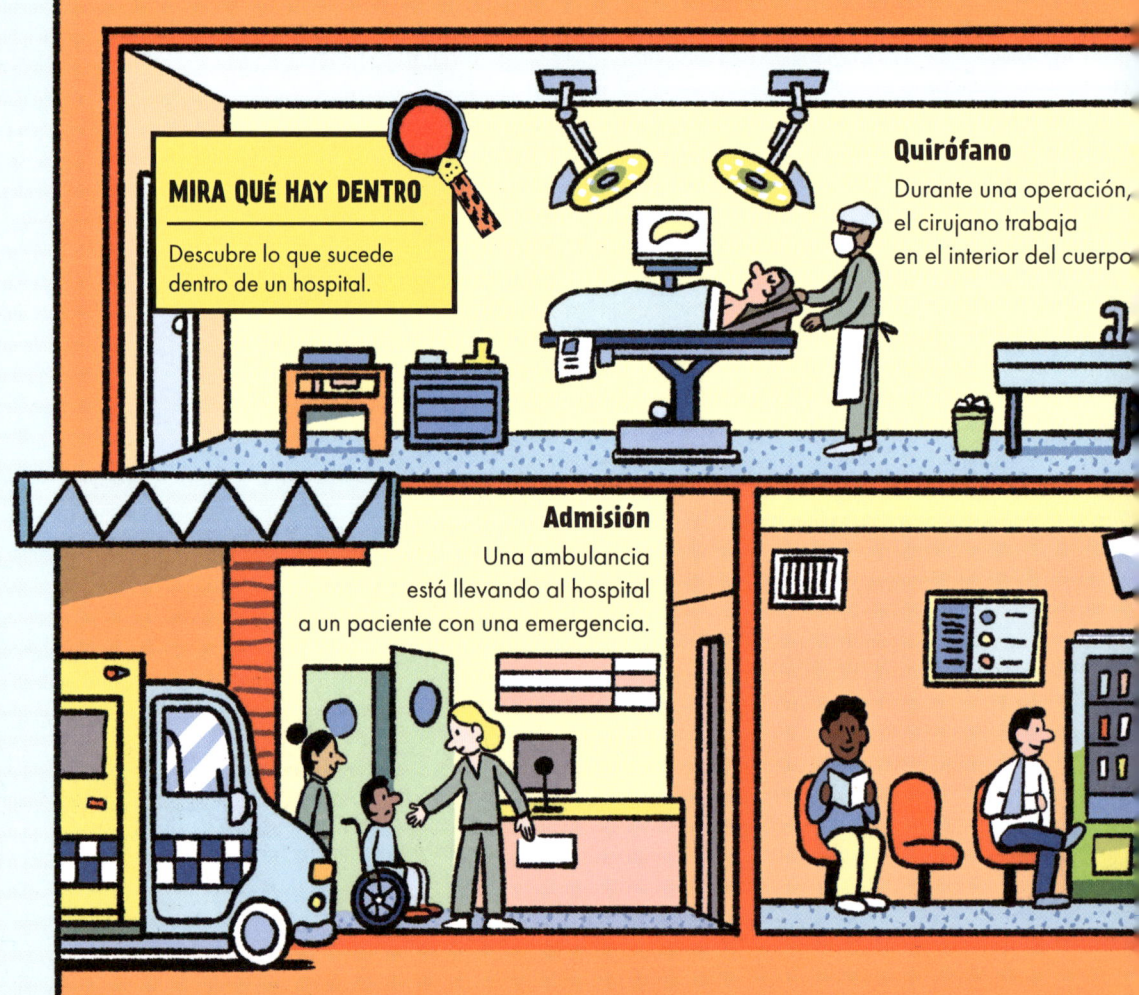

MIRA QUÉ HAY DENTRO

Descubre lo que sucede dentro de un hospital.

Quirófano
Durante una operación, el cirujano trabaja en el interior del cuerpo

Admisión
Una ambulancia está llevando al hospital a un paciente con una emergencia.

¿Qué es un termómetro?

El termómetro mide la temperatura, es decir, el calor del cuerpo. Si esa temperatura es más alta de lo normal, puede significar que hay microbios dentro del cuerpo.

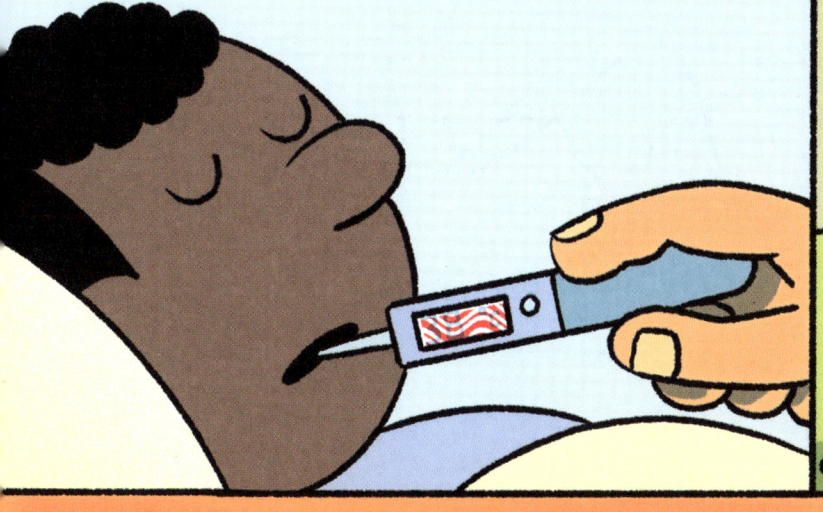

¿Qué son los síntomas?

Los síntomas son cosas que sientes o que muestra tu cuerpo y que están fuera de lo normal. Simplemente, no te encuentras como siempre.

¿Qué es un diagnóstico?

El diagnóstico puede ser el nombre de la enfermedad que podría estar causando los síntomas. O puede ser solo una descripción de cómo eres, porque todos somos diferentes. Una vez que tienes un diagnóstico, el médico puede prescribirte medicamentos o mandarte a un especialista del hospital.

diología

a radiografía es una eba que muestra imágenes interior del cuerpo, re todo de huesos.

El radiografista permanece detrás de una pantalla.

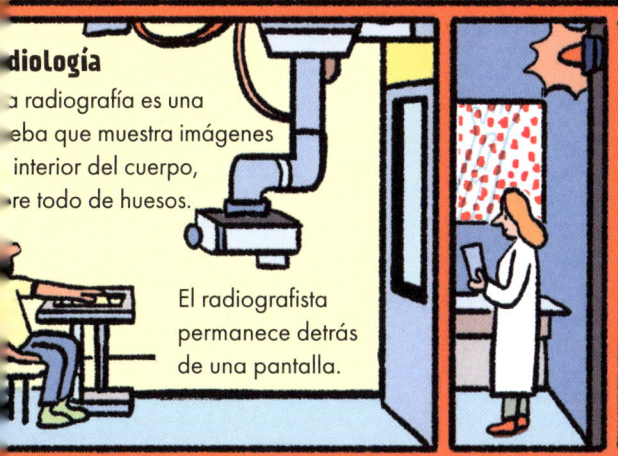

Análisis de sangre

Se extrae una pequeña cantidad de sangre y luego se analiza en el laboratorio.

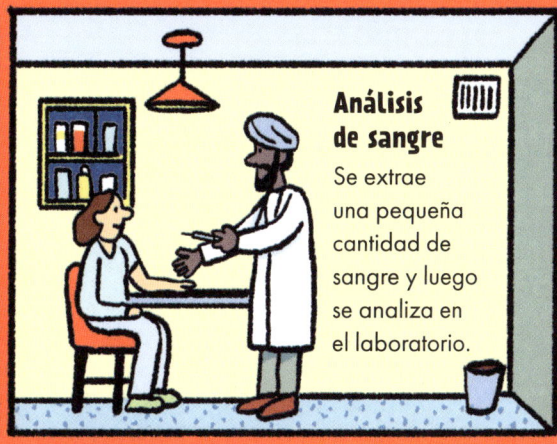

En planta

El equipo médico atiende a los pacientes hospitalizados en la habitación.

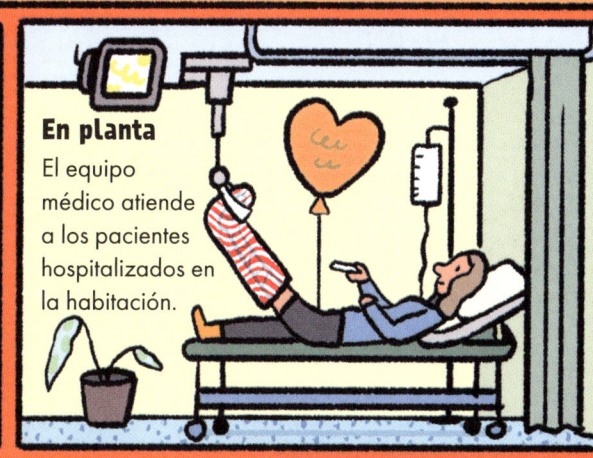

Urgencias

Primero, un médico examina al paciente, y entonces decide qué pruebas son necesarias y si un especialista debería ver al paciente.

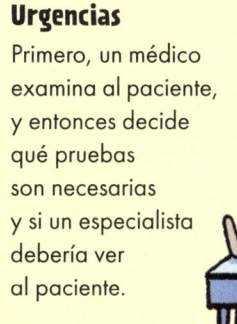

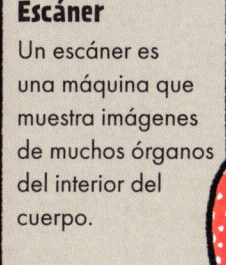

Escáner

Un escáner es una máquina que muestra imágenes de muchos órganos del interior del cuerpo.

Un médico estudia las imágenes para poder decidir cómo tratar al paciente.

EN EL QUIRÓFANO

¿Qué es una operación quirúrgica?

Una operación sucede cuando un médico llamado cirujano abre el cuerpo para trabajar en su interior y tratar de mejorar la salud del paciente.

Primero, el equipo de médicos y enfermeros especializados se desinfectan, es decir, lavan a fondo sus manos y brazos para eliminar cualquier microbio, y después se ponen el equipo de protección.

👁 BUSCA DENTRO Y FUERA

Necesitarás la lupa mágica para encontrar algunas de estas cosas.

1. Quirófano
2. Luces
3. Anestesista
4. Cirujano
5. Mascarillas, guantes y batas
6. Escalpelo
7. Pinzas
8. Retractor
9. Sangre y fluidos
10. Puntos de sutura

¿Qué es la cirugía laparoscópica?

Esto ocurre cuando el cirujano hace un pequeño corte al paciente, casi como el agujero de una cerradura. El cirujano desliza dentro un tubo con una cámara y una luz en el extremo. Después, un equipo informático muestra imágenes de vídeo del interior del cuerpo en tiempo real. El cirujano introduce en el orificio unas herramientas especiales y recompone el cuerpo, observando su funcionamiento a través del vídeo.

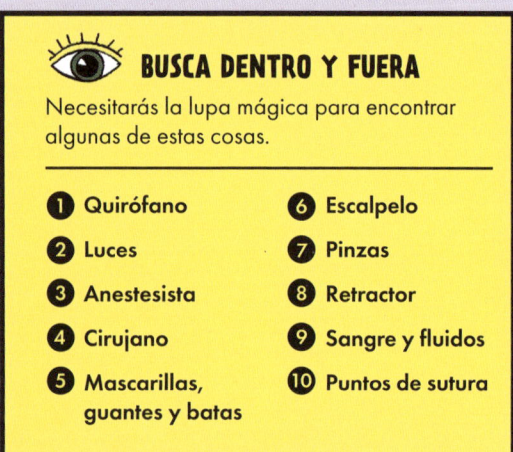

Monitor informático

Cámara

Herramienta quirúrgica

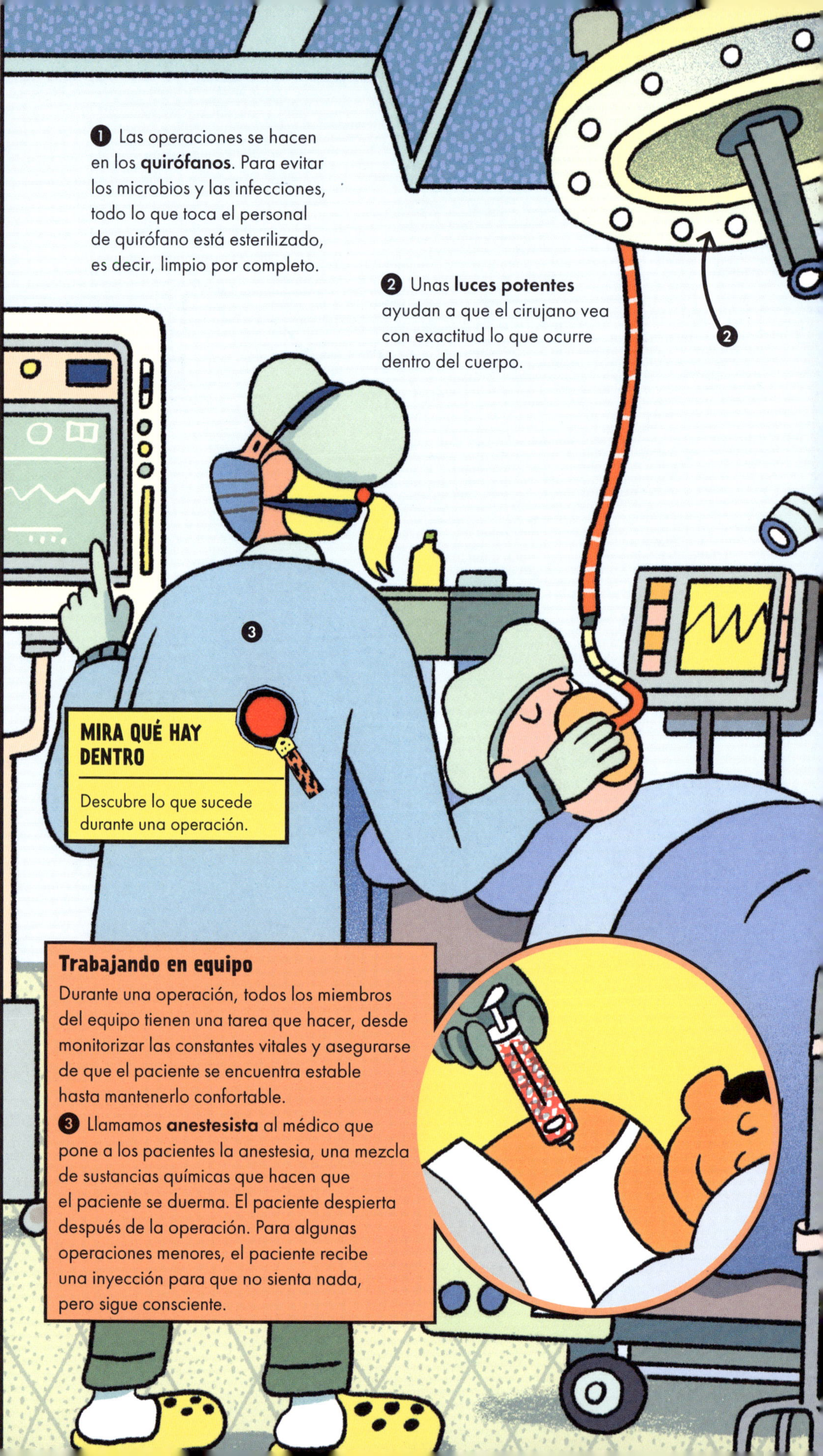

36

1 Las operaciones se hacen en los **quirófanos**. Para evitar los microbios y las infecciones, todo lo que toca el personal de quirófano está esterilizado, es decir, limpio por completo.

2 Unas **luces potentes** ayudan a que el cirujano vea con exactitud lo que ocurre dentro del cuerpo.

3

MIRA QUÉ HAY DENTRO

Descubre lo que sucede durante una operación.

Trabajando en equipo

Durante una operación, todos los miembros del equipo tienen una tarea que hacer, desde monitorizar las constantes vitales y asegurarse de que el paciente se encuentra estable hasta mantenerlo confortable.

3 Llamamos **anestesista** al médico que pone a los pacientes la anestesia, una mezcla de sustancias químicas que hacen que el paciente se duerma. El paciente despierta después de la operación. Para algunas operaciones menores, el paciente recibe una inyección para que no sienta nada, pero sigue consciente.

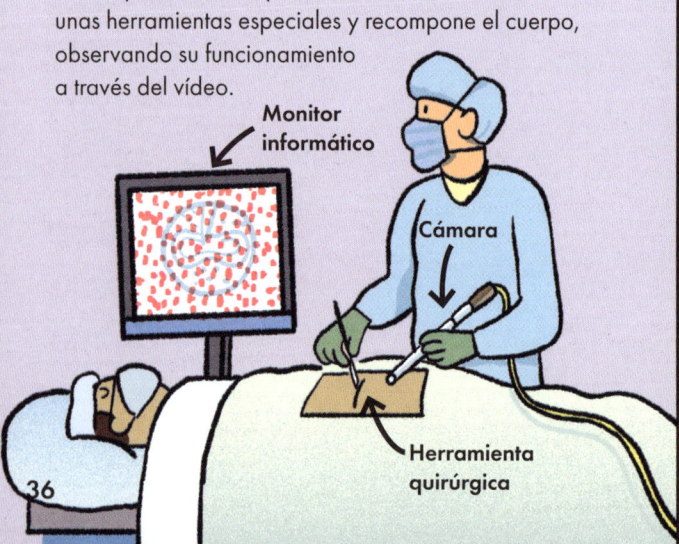

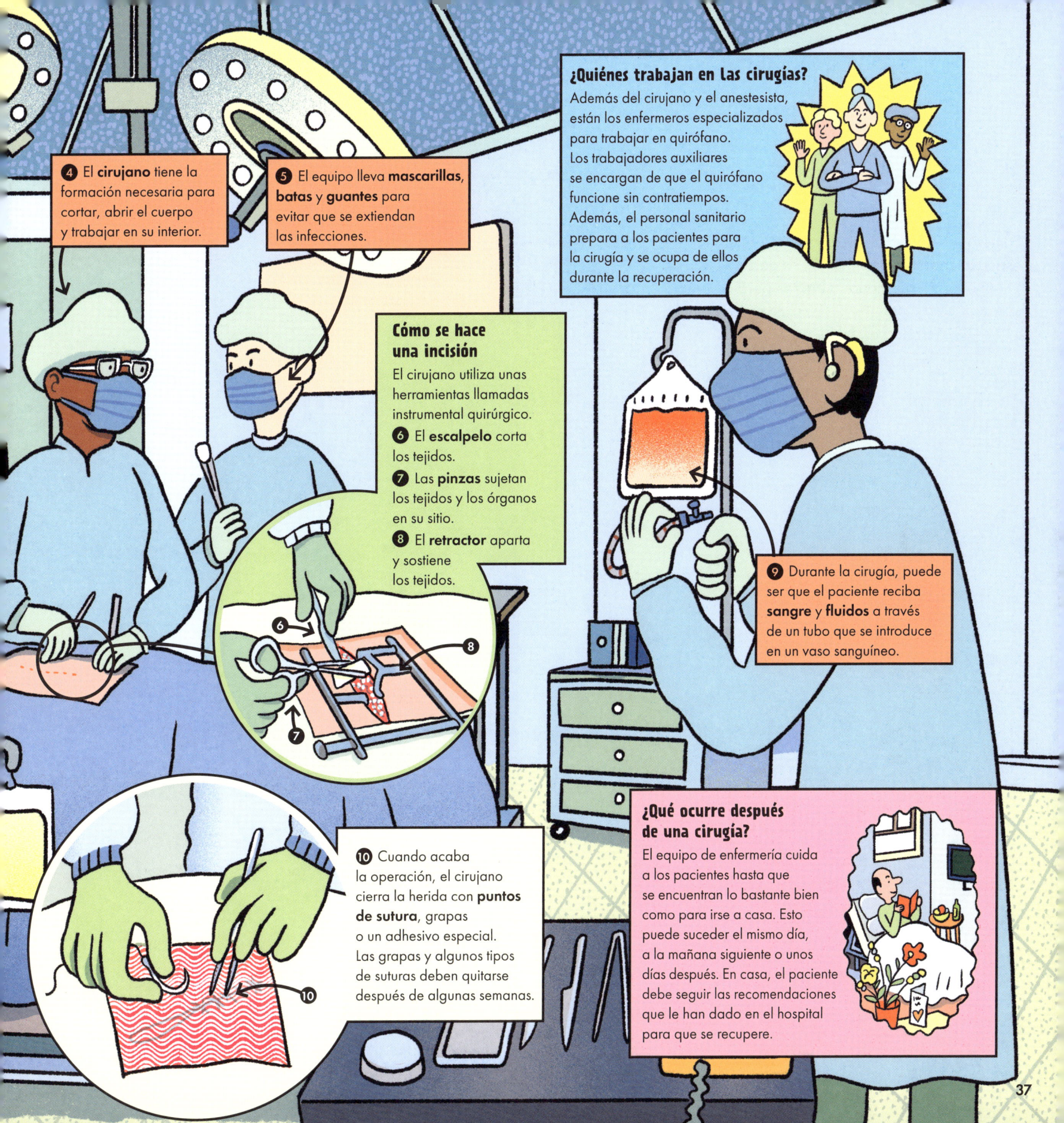

4 El **cirujano** tiene la formación necesaria para cortar, abrir el cuerpo y trabajar en su interior.

5 El equipo lleva **mascarillas**, **batas** y **guantes** para evitar que se extiendan las infecciones.

¿Quiénes trabajan en las cirugías?

Además del cirujano y el anestesista, están los enfermeros especializados para trabajar en quirófano. Los trabajadores auxiliares se encargan de que el quirófano funcione sin contratiempos. Además, el personal sanitario prepara a los pacientes para la cirugía y se ocupa de ellos durante la recuperación.

Cómo se hace una incisión

El cirujano utiliza unas herramientas llamadas instrumental quirúrgico.

6 El **escalpelo** corta los tejidos.

7 Las **pinzas** sujetan los tejidos y los órganos en su sitio.

8 El **retractor** aparta y sostiene los tejidos.

9 Durante la cirugía, puede ser que el paciente reciba **sangre** y **fluidos** a través de un tubo que se introduce en un vaso sanguíneo.

10 Cuando acaba la operación, el cirujano cierra la herida con **puntos de sutura**, grapas o un adhesivo especial. Las grapas y algunos tipos de suturas deben quitarse después de algunas semanas.

¿Qué ocurre después de una cirugía?

El equipo de enfermería cuida a los pacientes hasta que se encuentran lo bastante bien como para irse a casa. Esto puede suceder el mismo día, a la mañana siguiente o unos días después. En casa, el paciente debe seguir las recomendaciones que le han dado en el hospital para que se recupere.

FELIZ Y SALUDABLE

¿Qué necesita el cuerpo, por dentro y por fuera?

Precisa todo tipo de cosas: comida saludable para un aporte de energía, higiene y aseo para mantenerlo limpio, ejercicio para que esté en forma, además de bocanadas de aire fresco, seguido de una noche de sueño reparador.

También procura acordarte de atender a tus emociones y pensar en cómo te sientes por dentro. Llamamos salud mental a lo que sucede en el interior de la mente.

¿Cómo puedes comer saludable todos los días?

Experimentar con nuevos sabores deliciosos es divertido. Prueba a comer alimentos variados.

Durante las comidas, intenta tomar un plato equilibrado y saludable que incluya algo de proteína, algo de carbohidratos para mantenerte saciado (como arroz o pan integral), además de un montón de verdura.

Procura dejar los aperitivos para las ocasiones especiales, ya que alimentos como los dulces y las patatas fritas contienen gran cantidad de azúcar, grasas y sal.

Las **proteínas**, como los huevos, las legumbres, la carne y el pescado, ayudan a que funcionen los músculos, los huesos, la piel y muchos órganos.

Las **grasas** te proporcionan energía, pero no necesitas mucha cantidad. Las grasas más saludables proceden de los vegetales y el pescado.

¿Por qué necesitas dormir?

El sueño recarga las pilas del cuerpo para que estés lleno de energía al día siguiente. A lo largo de la noche, las células del cuerpo se reparan y crecen nuevas. El cerebro trabaja de manera distinta a cuando estás despierto para que al día siguiente pueda funcionar a toda máquina.

Cuando duermes, sueñas. El cerebro ordena la información del día para poder crear recuerdos.

¡No olvides lavarte las manos!

Piensa en todas las cosas que tocas cada día, desde alguna mascota hasta tu nariz mocosa. Mantener la limpieza es un buen modo de parar en seco a los microbios. Procura recordar lavarte las manos a menudo, sobre todo después de ir al baño y antes de comer.

Lávate con jabón y agua tibia.

Mantén las manos bajo el chorro de agua y cuenta hasta 15.

No olvides limpiar las uñas y los nudillos.

El **calcio** que hay en la leche y en las verduras de hoja verde ayuda a construir huesos y dientes fuertes.

Las **frutas** y **verduras** de todos los colores contienen mucha fibra y mantienen la salud del intestino. Procura comer cinco raciones al día.

Y no te olvides de...
Beber mucha agua: hasta ocho vasos cada día.

Los **carbohidratos** que hay en el pan y las patatas te proporcionan una breve dosis de energía.

Cuida tu salud mental
Si te preocupa algo, prueba a hablar con algún adulto en quien confíes. Charlar con los amigos o jugar en la naturaleza también pueden ayudarte a despejar la mente. Si los problemas de salud mental son serios, puedes hablar con un especialista en salud mental.

¿Cómo beneficia al cuerpo el ejercicio?

El ejercicio contribuye a mantener fuertes los huesos y los músculos. También libera endorfinas, que son sustancias químicas que te ponen de buen humor. Hasta una cantidad pequeña de ejercicio puede hacer que te sientas el rey del mundo. Prueba a hacer ejercicio solo o con amigos y, si puedes, haz que tu familia también participe. Descubrir qué actividad física disfrutas más es divertido: puede que sea hacer gimnasia en un trampolín...

salir a dar un paseo...

saltar a la comba...

practicar algún deporte...

montar en bicicleta... ¡u otra cosa!

LOS BEBÉS Y EL CRECIMIENTO

¿A qué velocidad crece un bebé?

¡Rápido! Durante el primer año, un bebé puede triplicar su tamaño. Lo habitual es que los humanos sigamos creciendo hasta la adolescencia, aunque más despacio... Si no, seríamos gigantes.

Los bebés crecen y se convierten en niños, luego en adolescentes y después en adultos. Estos adultos pueden tener nuevos bebés, que crecen, y después, cuando sean mayores, podrán tener más bebés. Y así, la vida sigue y sigue.

¿Quiénes son tu familia?

Hay familias de muchos tipos y tamaños, pero las generaciones funcionan de la misma manera. Tus abuelos son los padres de tus padres.

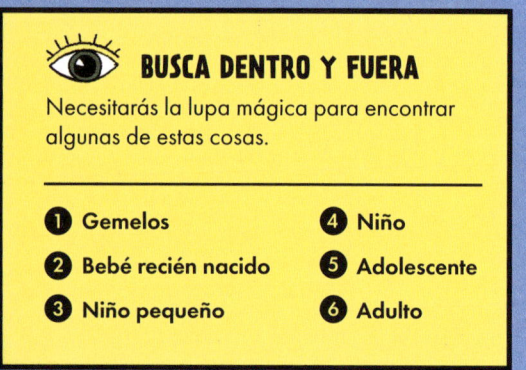

BUSCA DENTRO Y FUERA

Necesitarás la lupa mágica para encontrar algunas de estas cosas.

1. Gemelos
2. Bebé recién nacido
3. Niño pequeño
4. Niño
5. Adolescente
6. Adulto

¿Qué ocurre dentro de la barriga de una embarazada?

Durante aproximadamente 40 semanas (o nueve meses), un conjunto minúsculo de células crece hasta ser un bebé. Este periodo de tiempo se llama embarazo.

Llamamos matrones al personal sanitario que atiende el embarazo, el parto y al nuevo bebe. Algunos bebés nacen en el hospital, y otros, en casa. Y tú, ¿dónde naciste?

MIRA QUÉ HAY DENTRO

Mira cómo crece el bebé dentro de la barriga.

¿Cómo se forma un bebé?

Un espermatozoide del padre y un óvulo de la madre entran en contacto. Una vez se fusionan, el óvulo fertilizado comienza a crecer en el útero.

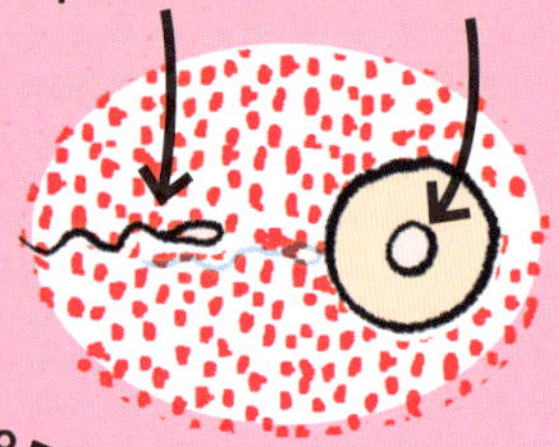

Espermatozoide

Óvulo

Óvulo fertilizado

Día 1

El bebé comienza siendo una única célula que se divide una y otra vez.

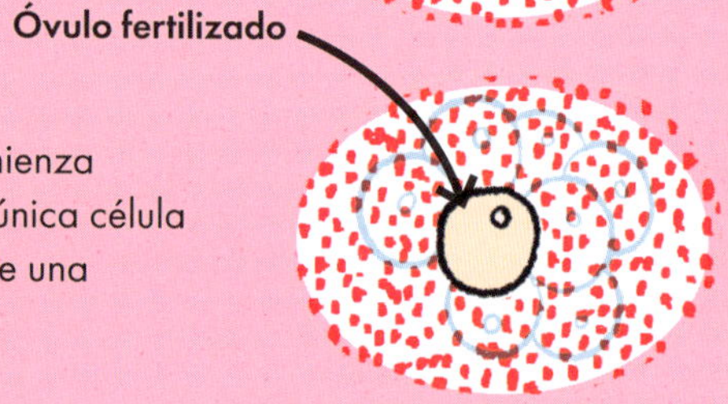

Semana 3

Durante el embarazo, los nutrientes del cuerpo de la madre se comparten con el bebé en desarrollo, que llamamos embrión.

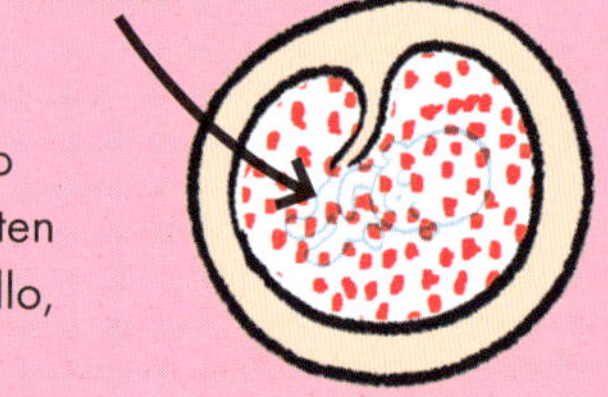

Embrión

Semana 20

El bebé en desarrollo ahora se llama feto. Tiene la misma longitud que un plátano. Tiene dedos en las manos y los pies y una gran cabeza.

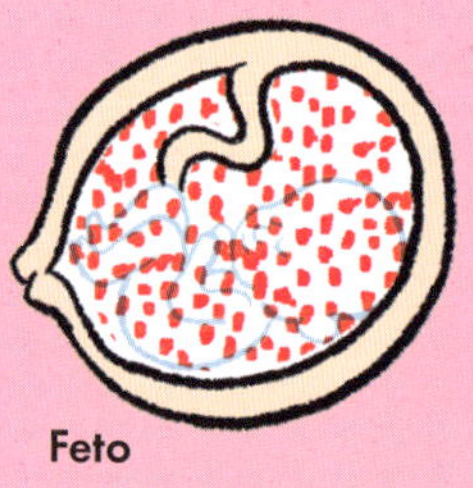

Feto

Semana 40

¡El bebé está listo para nacer!

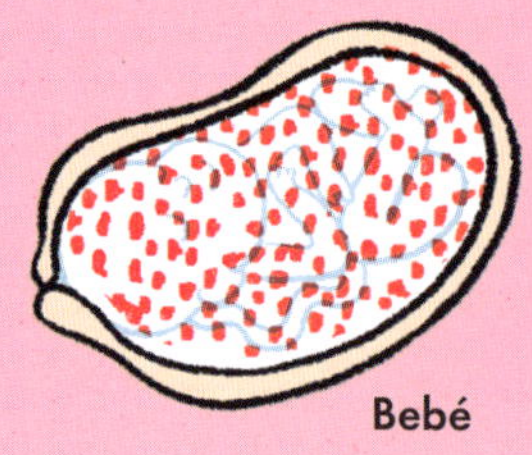

Bebé

El crecimiento

Desde el instante en que naces, tu cuerpo está cambiando. Primero crecerás. Lo habitual es que tu altura deje de aumentar alrededor de los 20 años. En la vejez, puede que el cuerpo se ralentice.

1 Los **gemelos** crecen juntos dentro de la barriga.

5 Durante varios años, los **adolescentes** crecen hasta tener un aspecto más parecido al de un adulto. En esta etapa de cambios, es posible que los adolescentes duerman más, que tengan acné y cambios de humor.

2 Un **bebé** recién nacido necesita que lo alimenten y lo mantengan seguro y caliente. Poco a poco, aprenden a gatear y después se ponen de pie.

3 Los **niños pequeños** exploran el mundo, caminando, hablando y haciendo preguntas. El cerebro del niño aprende las cosas nuevas con rapidez.

4 Los **niños mayores** siguen creciendo, pero más despacio. El cuerpo y el cerebro pueden aprender toda clase de cosas nuevas, como montar en bicicleta, o nuevas destrezas en el colegio. Es el momento para jugar y aprender.

6 Cuando eres **adulto**, el cuerpo sigue cambiando, pero más despacio. Las personas adultas pueden tener nuevos bebés.

¿Qué es la pubertad?

Es el momento en el que los niños crecen hasta convertirse en adultos. Unos mensajeros específicos, que llamamos hormonas, activan el desarrollo de las distintas etapas de la vida, desde el nacimiento hasta la vejez. Un adolescente tiene unas hormonas concretas que le dicen a distintas partes de su cuerpo que cambien. Algunas hacen que el cuerpo tenga estirones, o picos de crecimiento; otras favorecen que el cuerpo cambie de modo que sea capaz de tener hijos.

EN EL LABORATORIO

¿Qué tratamientos están diseñando los médicos ahora mismo?

En el laboratorio, los científicos están realizando todo tipo de fascinantes investigaciones sobre el funcionamiento del cuerpo y cómo mantenerlo sano.

Los científicos combinan las nuevas tecnologías con un conocimiento minucioso de cómo funciona el cuerpo. Diseñan ingeniosos tratamientos médicos, máquinas y pruebas.

¿Qué es un nanorrobot?

Un nanorrobot es un robot minúsculo, tan pequeño que diez de ellos cabrían en la anchura de un cabello humano. En el futuro, podría inyectarse un nanorrobot en la sangre para que realice trabajos médicos. Podría exterminar microbios, reparar células dañadas o administrar medicamentos justo en el lugar correcto del cuerpo.

¿Es posible imprimir partes del cuerpo?

En el futuro, tal vez. Los científicos están investigando la posible fabricación de partes del cuerpo con una impresora 3D. Esto se llama bioimpresión. Podrían imprimirse capas de células humanas hasta formar alguna parte del cuerpo, como un riñón, para reemplazar el órgano dañado.

MIRA QUÉ HAY DENTRO

Descubre cómo los científicos diseñan nuevas maneras de tratar a las personas.

¿Qué son los miembros biónicos?

Los miembros biónicos son sustitutos artificiales de partes del cuerpo que ayudan a personas que lo necesitan. Una pierna biónica puede moverse o flexionarse como una pierna real. Los científicos también están desarrollando ojos biónicos.

Puede que, un día, los ojos biónicos ayuden a que las personas ciegas vean.

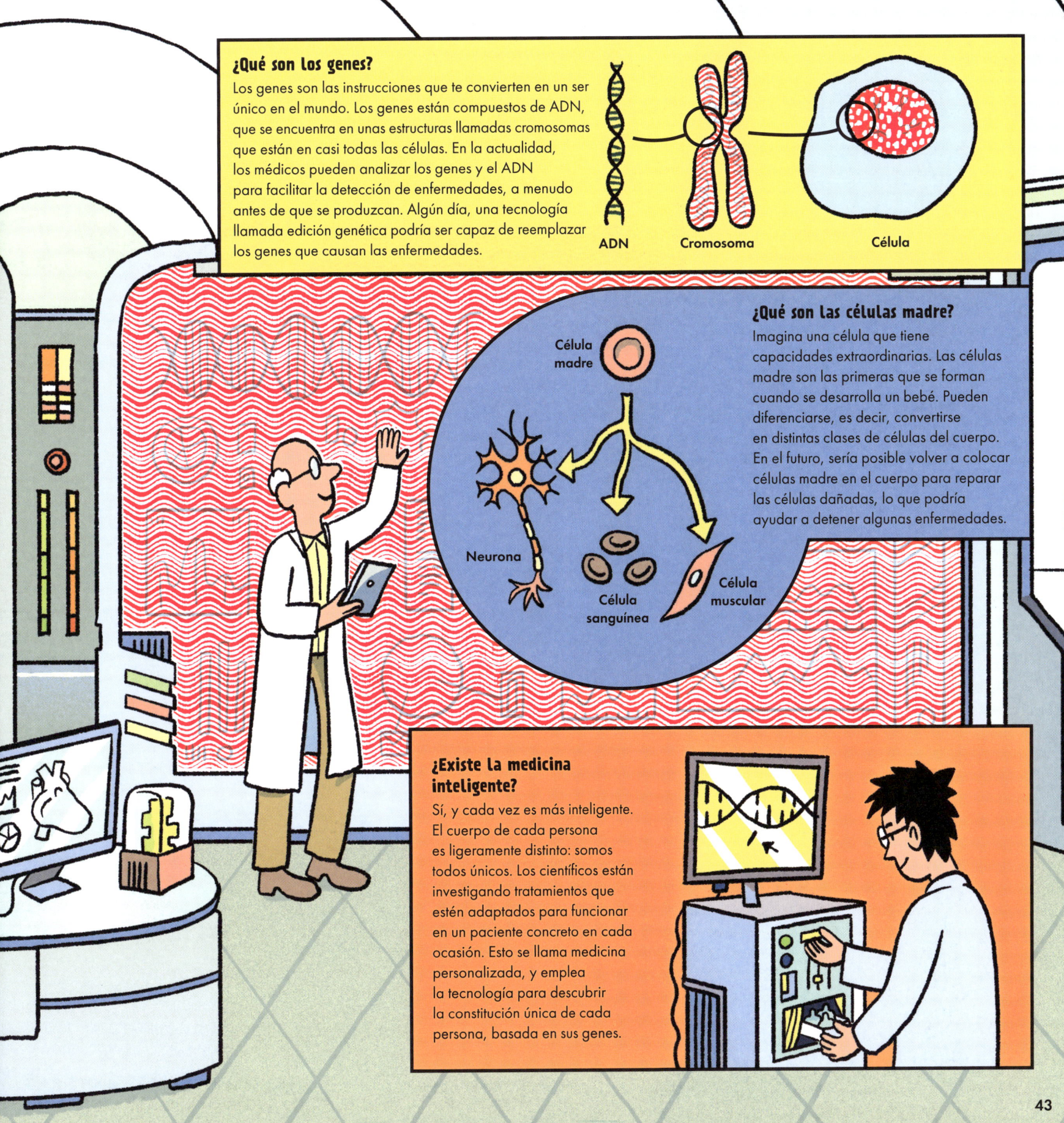

¿Qué son los genes?

Los genes son las instrucciones que te convierten en un ser único en el mundo. Los genes están compuestos de ADN, que se encuentra en unas estructuras llamadas cromosomas que están en casi todas las células. En la actualidad, los médicos pueden analizar los genes y el ADN para facilitar la detección de enfermedades, a menudo antes de que se produzcan. Algún día, una tecnología llamada edición genética podría ser capaz de reemplazar los genes que causan las enfermedades.

ADN **Cromosoma** **Célula**

¿Qué son las células madre?

Imagina una célula que tiene capacidades extraordinarias. Las células madre son las primeras que se forman cuando se desarrolla un bebé. Pueden diferenciarse, es decir, convertirse en distintas clases de células del cuerpo. En el futuro, sería posible volver a colocar células madre en el cuerpo para reparar las células dañadas, lo que podría ayudar a detener algunas enfermedades.

Célula madre

Neurona

Célula sanguínea

Célula muscular

¿Existe la medicina inteligente?

Sí, y cada vez es más inteligente. El cuerpo de cada persona es ligeramente distinto: somos todos únicos. Los científicos están investigando tratamientos que estén adaptados para funcionar en un paciente concreto en cada ocasión. Esto se llama medicina personalizada, y emplea la tecnología para descubrir la constitución única de cada persona, basada en sus genes.

CUERPOS DE TODO TIPO

Hay cuerpos con todo tipo de formas y tamaños. Además, los cuerpos cambian con el paso del tiempo. Tu cuerpo puede tener un aspecto distinto y funcionar de manera diferente al de los demás.

Nunca olvides tratar con respeto a todo el mundo: no hagas preguntas sobre el cuerpo de los demás, a no ser que te digan que les parece bien si lo haces. Todos somos distintos y todos somos especiales.

ÍNDICE ALFABÉTICO

FUENTES DE REFERENCIA

Este libro se ha creado en colaboración con asesores médicos especializados y a partir de materiales de referencia como libros, vídeos y artículos en línea. A continuación encontrarás una selección de fuentes para que investigues si deseas saber más sobre los temas que trata este libro.

— JW

12 innovations that will revolutionise the future of medicine, **National Geographic** (www.nationalgeographic.co.uk)

TED: Daniel Kraft: ¿El futuro de la medicina? Hay una aplicación para eso, **TED**.
https://nuevastecsomamfyc.wordpress.com/2012/03/17/ted-daniel-kraft-el-futuro-de-la-medicina-hay-una-aplicacion-para-eso/

Sistema inmunitario para niños, **Kid's Health**
https://kidshealth.org/es/kids/immune.html

Cómo es y cómo funciona nuestro cerebro, **Fundación Pasqual Maragall**
https://blog.fpmaragall.org/como-es-y-como-funciona-nuestro-cerebro

Tu piel, **Kid's Health**
https://kidshealth.org/es/kids/skin.html

El cerebro para niños. ¿Qué es y cómo funciona?, **Smile and Learn**
https://www.youtube.com/watch?v=X4rsSlMcjXY

Obtención de un análisis de sangre, **Kid's Health**
https://kidshealth.org/es/kids/video-bldtest.html

La célula: tipos, estructura, funciones y partes, **Smile and Learn**
https://www.youtube.com/watch?v=aoj9oTvVJ8o

La memoria importa, **Kid's Health**
https://kidshealth.org/es/kids/memory.html

La memoria humana: ¿cómo creamos, rememoramos y olvidamos recuerdos?, **National Geographic**
https://www.nationalgeographic.es/ciencia/2019/03/la-memoria-humana-como-creamos-rememoramos-y-olvidamos-recuerdos

El sentido del oído, **Aula Chachi**
https://www.youtube.com/watch?v=OEw_wlHsBlg

Cómo funcionan los pulmones, **National Heart, Lung, and Blood Institute**
https://www.nhlbi.nih.gov/es/salud/pulmones

Tus pulmones y el aparato respiratorio, **Kid's Health**
https://kidshealth.org/es/kids/lungs.html

El aparato respiratorio, **Aula Chachi**
https://www.youtube.com/watch?v=CHXUw1sGcLA

Cómo funciona tu corazón, **Comisión Honoraria para la Salud Cardiovascular**
https://cardiosalud.org/corazon-y-salud/como-funciona-tu-corazon/

Human Body, **Britannica** (www.britannica.com)

Human Body, **DK findout!** (www.dkfindout.com)

El cuerpo humano: ¡40 recursos por descubrir!, **Educación 3.0**
https://www.educaciontrespuntocero.com/recursos/recursos-cuerpo-humano-primaria/

Partes del cuerpo, **Twinkl**
https://www.twinkl.es/teaching-wiki/partes-del-cuerpo

Hábitos saludables, **Aula Chachi**
https://www.youtube.com/watch?v=qhwyGwNj06E

Los lóbulos cerebrales y sus funciones, **Cerebrotes**
https://www.youtube.com/watch?v=BqFjYBSwU-8